# TRAITÉ
# DE LA DÉVOTION

## DES ANCIENS CHRÉTIENS

## A SAINT MARTIAL

APÔTRE DE LA GUIENNE

### Par JEAN BANDEL

Docteur en Théologie de la Société de Sorbonne, Chanoine en l'église cathédrale, Official et Vicaire général en l'évêché de Limoges

*Seconde Édition*

### AUGMENTÉE DE RECHERCHES

Sur le Culte & sur l'authenticité des Reliques de saint Martial

#### Par l'abbé TEXIER

Supérieur du Petit Séminaire du Dorat.

---

## PARIS

V. DIDRON, Lib., r. St-Dominique-St-Germain, 23
DUCOURTIEUX, Lib., rue Croix-Neuve

1858

# TRAITÉ

## DE LA DÉVOTION DES ANCIENS CHRÉTIENS

### A SAINT MARTIAL.

Limoges. imp. DUCOURTIEUX et Cie.

# TRAITÉ
# DE LA DÉVOTION

## DES ANCIENS CHRÉTIENS
## A SAINT MARTIAL

*APÔTRE DE LA GUIENNE*

### Par JEAN BANDEL

Docteur en Théologie de la Société de Sorbonne, Chanoine en l'église cathédrale, Official et Vicaire général en l'évêché de Limoges

*Seconde Édition*

AUGMENTÉE DE RECHERCHES
sur le culte et sur l'authenticité des Reliques de saint Martial

### Par l'abbé TEXIER
Supérieur du Petit Séminaire du Dorat.

---

## PARIS
V. DIDRON, Lib., r. St-Dominique-St-Germain, 23

## LIMOGES
DUCOURTIEUX, Lib., rue Croix-Neuve

1858

# A MONSEIGNEUR FLORIAN DESPREZ

### ÉVÊQUE DE LIMOGES.

Monseigneur,

Peu de livres ont eu la chance d'être réédités à deux cent vingt ans d'intervalle, et d'être mis, à si longue date, sous la protection de deux princes de l'Église. L'ouvrage que nous vous offrons aura eu ce rare bonheur. Il le doit à son mérite, qui le classe au premier rang dans les œuvres de l'érudition limousine, et au retour à la liturgie romaine, qui nous a appris à scruter et à aimer de plus en plus les sources de la foi et de la piété en notre province.

Dans un épiscopat qui dura un demi-siècle, Mgr de Lafayette fonda le séminaire des Ordinands, établit et dota les missions diocésaines, encouragea les études, réunit et régularisa les maisons hospitalières de sa ville épiscopale. Puisse la Providence donner des jours aussi longs à un épiscopat qui recommence, et un zèle déjà éprouvé fera refleurir parmi nous les merveilles de la piété et de la science de nos aïeux.

**TEXIER.**

Le Dorat, 2 octobre 1857.

# INTRODUCTION.

Depuis un demi-siècle, on éloigne de plus en plus la demeure des morts du séjour des vivants. Ces changements se font au nom de la salubrité publique, profit douteux et viager, qui ne compense pas l'affaiblissement du culte des morts, c'est-à-dire de l'esprit de famille et de l'amour des aïeux! Obéissant à la tendance générale de notre époque, la paroisse de Saint-Silvestre s'est fait un cimetière nouveau. Il y a trois ans à peine, un prêtre de ce voisinage, M. Bandel, curé de Saint-Sulpice-les-Feuilles, interrogeait du regard les tombes qui allaient disparaître de cet asile des morts récemment bouleversé. Sur une pierre mutilée déjà, il eut le bonheur de retrouver ou plutôt de découvrir une plaque de cuivre autrefois doré, gravée d'un blason et de caractères fort lisibles encore. C'était l'inscription funéraire d'un membre de sa famille, Jean Bandel, mort en 1639, prêtre dont la renommée de piété et de savoir avait gardé la tombe pendant deux cent vingt années.

Depuis longtemps, M. le curé de Saint-Sulpice s'était voué à la recherche d'un ouvrage de ce mort illustre, ouvrage presque introuvable aujourd'hui. Mais son zèle demeurait infructueux. Tous ceux qui s'occupent de l'histoire de notre province connaissaient la réputation du livre de Bandel ; personne ne l'avait eu entre mains. La cendre humaine, qui pèse si peu, serait-elle encore moins fugitive que ces feuilles où nous transcrivons notre pensée, avec le secret espoir de nous survivre dans l'avenir? Un tombeau serait-il plus durable qu'un livre?

La piété filiale de M. l'abbé Bandel a été récompensée ; il a enfin réussi à retrouver un exemplaire de l'ouvrage de son illustre homonyme et parent. La haute valeur de l'érudition qui est condensée dans ce petit volume, plus encore que sa rareté, lui ont inspiré la pensée d'en faire jouir le public, et il a bien voulu confier à nos soins cette édition faite à ses frais.

Nous publions en entier, et avec un respect scrupuleux, le Traité de Jean Bandel. Nous avons dû seulement, pour la commodité des lecteurs, en ramener l'orthographe aux habitudes modernes. Le progrès des études historiques et une pieuse curiosité rendaient quelques additions nécessaires; nous les rejetons à la fin du volume.

Un mot maintenant sur l'auteur de cet ouvrage et sur l'importance de ses recherches.

Nous ne possédons sur Jean Bandel que les renseignements réunis par l'abbé Legros, et publiés, avec notre concours, dans la *Biographie Limousine*. Nous les transcrivons :

« Bandel (Jean) naquit d'une famille de paysans, à Saint-Silvestre, près de la célèbre abbaye de Grandmont. Dès sa plus tendre jeunesse, il se sentit beaucoup de goût et montra les plus heureuses dispositions pour les sciences. Après avoir embrassé l'état ecclésiastique, Bandel alla étudier dans l'Université de Paris, fit sa licence avec la plus grande distinction, et reçut le bonnet de docteur avec l'applaudissement de tous les hommes savants qui composaient alors la Sorbonne. Il revint dans le Limousin, précédé d'une grande réputation de science et de vertu. Ses talents le firent admirer; l'aménité de son caractère, la douceur de ses mœurs et la bonté de son âme le firent chérir de tout le monde. Son oncle, chanoine de l'église cathédrale, lui résigna sa prébende. M. de Lafayette, évêque de Limoges, l'éleva à la dignité d'official et en fit un de ses vicaires généraux. Bandel s'appliqua à faire revivre la pureté des mœurs par la solidité de ses prédications, à éteindre les discordes et à ramener la paix dans les familles par la sagesse de ses conseils. Son zèle eut les plus heureux succès. Ce savant et vertueux ecclésiastique mourut à Limoges, universellement regretté, en 1639. Nous avons de lui un livre intitulé : *De la dévotion des anciens chrétiens à saint Martial, apôtre de la*

*Guienne, premier évêque de Limoges*, ouvrage in-16, imprimé chez Barbou en 1638. Cet ouvrage, très rare aujourd'hui, renferme, dans un petit nombre de chapitres, beaucoup de choses très recherchées. Si la mort n'eût prévenu l'abbé Baudel, il voulait composer l'Histoire sainte et profane de notre province. Il a laissé des *Mémoires manuscrits sur l'histoire du Limousin*, dont s'est servi très avantageusement le P. Bonaventure. Il voulut que son corps fût transporté dans le cimetière de Saint-Silvestre, sa paroisse natale, pour y reposer auprès de ses aïeux. Au rapport de l'abbé Legros, avant la révolution on voyait encore dans ce cimetière sa tombe élevée de quelques pieds. »

Contrairement aux assertions de l'abbé Legros, ce cuivre funéraire, retrouvé par M. le curé de Saint-Sulpice-les-Feuilles, montre au sommet un écusson héraldique, chargé d'un chevron que surmonte un croissant et qu'accompagnent trois losanges, deux et un, sans indication d'émaux. Au-dessous on lit l'inscription suivante, dont nous reproduisons l'orthographe et l'arrangement :

CI GIT VÉNÉRABLE ....... JEAN BANDEL VIVANT DOCTEUR EN SORBONNE CHANOINE OFFICIAL ET VIC. GÉNÉRAL DE LYMOGES LEQUEL DÉCÉDA LE 1 JVIN 1639
—
REQUIESCAT IN PACE
—
AMEN.

Cette épitaphe, modeste comme celui dont elle indiquait la tombe, ne donne pas un mot d'éloge au respectable défunt. Elle se tait sur les travaux historiques de Bandel et sur l'importance du petit livre que nous rééditons. Que le lecteur ne s'y trompe pas cependant : sous un format exigu, il a, dans la main, un grand ouvrage.

Lorsque l'érudition contemporaine veut parcourir les sentiers de l'histoire ou de la critique, elle trouve le terrain tout aplani. Les recherches de nos auteurs contemporains peuvent revendiquer le mérite de l'ordre et de la clarté ; elles peuvent se parer des grâces d'un langage élégant, affermi par une sage critique. Mais c'est là leur mérite principal. Nos annales littéraires nous ont laissé peu de découvertes à faire dans le champ de l'érudition historique. Qu'un écrivain habile et courageux, converti en route par sa conscience littéraire, se dévoue, comme on l'a vu en ces derniers temps, à rétablir les titres apostoliques de la mission de saint Martial, qu'il voulait d'abord infirmer en partie, il portera dans ses recherches l'ordre, la méthode, la sagesse critique. Mais pour trouver des coadjuteurs sans sortir de notre province, il n'aura qu'à jeter un regard en arrière. Nadaud et Legros lui donneront le concours des dissertations inédites qu'ils ont préparées sur le même sujet. Le P. Bonaventure de Saint-Amable lui prêtera un volume in-folio de 700 pages, consacré aux mêmes matières. Les illustres érudits Labbe, de Marca, Honoré de Sainte-Marie et cent autres viendront à son aide, avec mille volumes riches de faits ou d'heureuses appréciations. L'auteur moderne n'a qu'à choisir et à coordonner. Bandel précéda toute cette armée littéraire. Il est l'ancêtre historique de tous ceux qui se sont occupés de l'histoire du Limousin. Ce que nous trouvons aujourd'hui facilement dans les livres, il le découvrit laborieusement dans la poudre des archives. Son petit Traité est déjà un sage résumé auquel la critique, de plus en plus riche et sévère, des âges suivants, pourra imposer quelques additions, mais où elle n'aura rien à retrancher ni à reprendre.

Tels sont les titres du livre que nous réimprimons après un intervalle de deux cent vingt ans. Il n'existe en Limousin qu'un seul exemplaire de cet ouvrage, introuvable ou inconnu dans les bibliothèques de Paris. A la suite du texte de notre auteur, intégralement édité sans le moindre changement, nous publions des recherches nouvelles sur le culte et l'authenticité des reliques et du précieux chef de saint Martial, possédés par l'église de notre paroisse natale, S¹-Michel-des-Lions, de Limoges. Puisse le saint apôtre d'Aquitaine, pour lequel, dès nos plus jeunes années, on nous enseigna une tendre dévotion, agréer ce faible hommage d'un de ses fidèles ! Puisse la paroisse gardienne de ses reliques apprécier de plus en plus la valeur du trésor confié à son amour ! Dans le progrès des embellissements modernes, la chapelle où repose le chef vénéré de saint Martial n'est plus digne des mains vigilantes et des cœurs fidèles auxquels ce dépôt inestimable est confié.

**TEXIER,**
Supérieur du Petit Séminaire du Dorat.

# A MONSEIGNEUR

L'ILLUSTRISSIME ET RÉVÉRENDISSIME

## Messire François DE LAFAYETTE

Évêque de Limoges, Conseiller du Roi en ses Conseils.

Monseigneur,

Ce Traité se présente devant vous pour faire hommage à votre dignité et à votre personne, avec aveu et dénombrement de tout ce qu'il contient. Il est vôtre en toutes façons, puisqu'il est né dans le fonds de votre église, que le sujet vous concerne en qualité de très digne successeur de saint Martial, que vous avez l'intendance des dévotions qui y sont déduites, et qu'elles reçoivent grand éclat et ornement de votre présence. Pour l'auteur, il est plus à vous qu'à soi-même, et vous l'y avez obligé avec tant de générosité et de libéralité, qu'il lui faudrait de grands volumes pour déclarer ses gratitudes et ressentiments. Il vous offre par échantillon ce qu'il a pu fournir dans cette petite occasion ; et s'il était capable de faire passer quelque chose dans la postérité qui fût digne d'être lu, on y trouverait des marques signalées du respect, de la soumission et des reconnaissances qui vous sont dues,

MONSEIGNEUR,

par

Votre très humble et très obéissant serviteur,

J. BANDEL.

## AVIS AU LECTEUR.

Il y a quinze ans que, pour ne manger pas le pain de l'Eglise avec oisiveté, j'ai tâché de recueillir de divers endroits ce qui concerne l'histoire sainte et profane de cette province et diocèse. Je n'ai encore pu donner aucune forme à ces matériaux assemblés, et ne sais quand j'en trouverai le loisir et la commodité : il n'y aura pas grande perte ni inconvénient si cela demeure imparfait, pour ne tenir personne dans une vaine attente de peu de chose. Par avance j'ai mis à part ce que j'ai jugé plus important touchant la dévotion envers saint Martial, auquel nous avons des obligations qui ne se peuvent estimer que par le poids, par la mesure et par le prix de notre salut. Je lui devais les prémices de mon travail, ayant l'honneur d'être un des prêtres titulaires de l'église où il a établi son principal siége, et d'avoir été employé par commission et par office dans la conduite spirituelle de son troupeau, sous l'autorité de deux grands prélats ses successeurs, outre le bonheur d'être un des confrères de la congrégation des ecclésiastiques qui porte son nom. Mais il s'en faut bien que j'aie approché de ce qui se devrait dire de la dévotion et vénération de ce grand saint, par défaut de plus grande connaissance, et des mémoires que l'on pourrait tirer de plusieurs autres lieux. Après même que l'impression de ce Traité a été achevée, je me suis aperçu que j'avais encore plusieurs bonnes remarques servant à notre dessein, que je réserverai à une autre occasion, ou les mettrai entre les mains de quelqu'un qui pourra enchérir sur cet ouvrage. J'avais aussi à désirer qu'il y eût plus d'élégance, plus d'adoucissement et des liaisons plus ajustées : ce qui me serait difficile, étant plus grossier d'esprit que de corps ; et quand je le pourrais, l'empressement ordinaire de plusieurs autres affaires m'ôte le temps et le repos requis à un homme qui fait état de composer des livres. Ce dont je puis répondre, c'est de la fidélité que j'ai rapporté sans aucune exagération, et d'ordinaire par les propres termes des auteurs que j'ai cités. Après tout, je souhaite qu'il s'y rencontre pour vous sujet de satisfaction et d'édification; pour moi, j'aurai touché au but de mes intentions si Dieu en est plus glorifié et saint Martial plus honoré.

# LISTE ALPHABÉTIQUE

DES

## AUTEURS IMPRIMÉS et MANUSCRITS

cités ou employés

### DANS LA COMPOSITION DE CE TRAITÉ.

---

#### AUTEURS IMPRIMÉS.

*Actes des Archevêques de Sens*, par Jacques Taveau.
*Actes des Évêques de Cahors*, par Guillaume de La Croix.
*Actes des Tholosains*, par Nicolas Bertrand.
André Thevet, en sa *Cosmographie*.
*Annales de France*, de Nicole Gilles.
*Annales d'Aquitaine*, par Jean Bouchet.
*Antiquités et Recherches de saint Denis*, par le sieur Doublet.
*Bréviaires de divers diocèses.*

*Chronique Bourdeloise,* du sieur de l'Urbe.
*L'Ecclésiastique.*
*Gaule Chrétienne,* du sieur Robert.
Saint Grégoire-le-Grand, pape.
Saint Grégoire, archevêque de Tours, en ses livres de l'*Histoire de France,* de la *Gloire des Confesseurs* et de la *Vie des SS. Pères.*
*Histoire des Archevêques d'Arles,* par le sieur Saxi.
*Histoire des Comtes de Toulouse,* avec le livre intitulé : *Præclara Francorum facinora.*
*Histoire du Puy,* par le P. Odo de Gissey.
Saint Jacques, en sa *Première canonique.*
Saint Jean, en son *Évangile.*
*Martyrologe romain.*
*Origines de Clermont,* par le sieur Savaron.
Saint Paul, en la *Première aux Corinthiens.*
*Statuts de la grande confrérie de S. Martial.*
*Vie de saint Éloi,* par saint Ouen, archevêque de Rouen, avec les Notes du sieur de Montigny.
*Vie de Louis-le-Débonnaire.*
*Vie du pape Innocent VI.*
*Vie de Monsieur Bardon,* par le P. Étienne Petiot.

## AUTEURS MANUSCRITS.

*Actes des Évêques et Comtes d'Angoulême.*
*Antiquités de Limoges.*
Auteur des *Miracles de saint Martial.*
Auteurs de divers Sermons et Narrations.
Bernard Guy, évêque de Lodève.
Bulles de divers papes.
Concile de Limoges de l'an 1031.
Livre intitulé : *Codex Petri Scolastici.*
Chronique de Geoffroy ou Gaufredus.
Chronique de Jean de Neelle.
Histoire d'Aymar.
Journaux de divers temps.
Obituaire de l'abbaye de Saint-Martial.
Procès-verbal d'Aymery, évêque de Limoges.
Recueil de divers Mémoires historiques.
Registres des églises cathédrale, collégiale et autres.
*Vie de saint Alpinien.*
*Vie de saint Yrieix.*
*Vie de saint Just.*
*Vie de saint Léonard.*
*Vie de saint Vaulry.*

# TABLE DES CHAPITRES.

Chap. I<sup>er</sup>. — De l'origine de la dévotion envers saint Martial.

Chap. II. — Du progrès de la dévotion envers saint Martial.

Chap. III. — De la dévotion des saints envers saint Martial.

Chap. IV. — De la dévotion des papes envers saint Martial.

Chap. V. — De la dévotion des cardinaux et autres prélats envers saint Martial.

Chap. VI. De la dévotion des empereurs et des rois envers saint Martial.

Chap. VII. — De la dévotion des princes, ducs et autres grands seigneurs envers saint Martial.

Chap. VIII. — De la dévotion des nations étrangères envers saint Martial.

Chap. IX. — De la dévotion de la France envers saint Martial.

Chap. X. — De la dévotion de la Guienne envers saint Martial.

Chap. XI. — De la dévotion du Limousin envers saint Martial.

Chap. XII. — De la dévotion de Limoges envers saint Martial.

Chap. XIII. — De la première translation du corps de saint Martial.

Chap. XIV. — De la seconde et troisième translation du corps de saint Martial.

Chap. XV. — De la quatrième translation du corps de saint Martial.

Chap. XVI. — De quelques autres particularités et circonstances de la quatrième translation du corps de saint Martial.

Chap. XVII. — De la cinquième, sixième et septième translation du corps de saint Martial.

Chap. XVIII. — Des Ostensions du chef de saint Martial et des Processions faites à son honneur.

# TRAITÉ

## DE LA DÉVOTION DES ANCIENS CHRÉTIENS

### A SAINT MARTIAL.

---

## CHAPITRE PREMIER.

#### De l'origine de la dévotion envers saint Martial.

Toute sorte de bien prend sa source dans le ciel, et procède du Père des lumières, selon la doctrine de saint Jacques. Mais comme les grosses rivières ont plusieurs dépendances de la mer, par la diversité des ruisseaux qui les remplissent, et les grandes lumières ont divers rapports au soleil par la multitude des rayons qui se réunissent en même sujet, aussi y a-t-il des bonnes œuvres qui, comprenant plusieurs biens, dépendent de Dieu en plusieurs sortes. Je mets en ce rang la dévotion au grand saint Martial, qui reconnaît Dieu pour son auteur en autant de façons, que les motifs que nous avons de lui être dévots sont différents.

Nous honorons celui qui, ayant été nourri en l'école de Jésus-Christ, nous a porté la connaissance du vrai Dieu. Nous nous soumettons, avec des religieux devoirs, à celui qui a été décoré des grâces de Dieu durant sa vie et glorifié après sa mort. Nous admirons l'éminence de sa sainteté, nous reconnaissons qu'une infinité de miracles opérés par lui sont au-dessus de toutes les forces humaines. Nous nous adressons à lui dans nos nécessités temporelles et spirituelles, et prenons grande confiance en son secours. Toutes ces considérations, qui sont comprises dans la dévotion envers saint Martial, sont formées sur l'estime que nous faisons de la foi chrétienne, de la grâce, de la gloire des bienheureux, du mérite et de la récompense des bonnes œuvres, de l'assistance que nous recevons du ciel; et tout cela se rapporte à Dieu, qui, couronnant les vertueuses actions de saint Martial dans la béatitude, couronne ses œuvres, relevant la mémoire de saint Martial en terre, y fait bénir son nom, et, faisant éclater saint Martial en miracles, fait admirer sa puissance infinie.

Dieu donc est la cause originaire et première de la dévotion que nous avons à notre saint Apôtre, ayant mis en lui ce qui nous le fait honorer et révérer en nos jours, et ce qui a donné sujet, dans les siècles précédents, aux saints, aux papes et grands prélats, aux empereurs et aux rois, aux princes et grands seigneurs, aux nations étrangères et à notre France, à la Guienne particulièrement, et à cette province, de lui rendre tant d'honneur, en dédiant des églises et des autels à sa mémoire, faisant de riches donations aux ecclésiastiques qui les desservaient, instituant des fêtes et confréries en son nom, révérant son sépulcre et les sacrées reliques de son corps avec des sentiments indicibles de piété, et invoquant son secours dans les grandes afflictions et calamités publiques, comme nous ferons voir dans les chapitres suivants. Et c'est ainsi que Jésus-Christ a vérifié en saint Martial sa promesse générale, rapportée par saint Jean au chapitre 12 de son Évangile, *que celui qui le servira sera honoré par son père.*

## CHAPITRE II.

**Du progrès de la Dévotion envers saint Martial.**

Cette dévotion, à laquelle Dieu a donné commencement dans l'église primitive, a eu un très heureux progrès de temps en temps jusques à nous ; et nous voyons en saint Martial la preuve de ce qui est dit des justes en *l'Ecclésiastique*, chapitre 44, *que les faveurs de Dieu sont permanentes en eux et que le progrès en succède perpétuellement.*

L'ancien auteur de ses Miracles, dans un vieux manuscrit qui se trouve aux archives de l'église cathédrale et collégiale de Limoges, dit en sa préface que saint Martial paraît tous les jours tellement illustre en miracles et guérisons, qu'il faudrait un homme qui n'eût autre occupation qu'à les rédiger par écrit ; et fait voir ensuite, comme depuis saint Alpinien, disciple du même saint, qui guérit quantité de malades, délivra six démoniaques, et donna la vue à six aveugles par l'attouchement du suaire de notre glorieux patron, il se faisait continuellement une infinité d'autres merveilles devant son tombeau, en faveur de ceux qui y venaient en dévotion, ou qui réclamaient son assistance en d'autres églises dédiées en son nom.

Saint Grégoire, archevêque de Tours, qui vivait il y a plus de mille ans, en son livre de *la Gloire des Confesseurs*, chapitres 27, 28 et 29, fait mention de deux miracles faits au sépulcre du même saint, l'un d'une fille qui avait une main aride de laquelle les doigts furent redressés, l'autre d'un homme devenu muet par punition divine, auquel la parole fut remise. Saint Ouen, archevêque de Rouen, au livre 1er de la *Vie de saint Eloi* son contemporain, chapitre 18, déduit amplement comment le même saint Eloi, faisant porter des reliques de saint Martial en une église de Paris dédiée en son nom, qu'il avait fait réparer, en passant devant une prison, les serrures furent brisées, les gonds rompus, les portes ouvertes par un tremblement subit, de sorte que sept prisonniers furent élargis, et suivirent la procession en présence d'une grande multitude de peuple. Le même auteur, au chapitre 19, raconte comme saint Eloi, adressant sa prière à saint Martial, garantit l'église susdite et son monastère d'un grand embrasement ; c'était environ l'an 640 de notre salut. Il arriva plusieurs autres grands miracles en diverses translations du corps de saint Martial, comme nous ferons voir ci-après. Mais ils augmentèrent de beaucoup environ l'an 1010, au rapport d'Asmar, religieux de Saint-Cibar d'Angoulême, célèbre en l'histoire de France, qui, parlant comme de chose advenue de son temps, dit qu'Eldoin, évêque de Limoges, s'en étant allé à Rome avec Guillaume, duc de Guienne, on reçut une extrême joie et satisfaction des miracles illustres qui se faisaient au sépulcre de saint Martial, ce qui donna sujet aux plus grands seigneurs de Guienne, de France et d'Italie, de venir à Limoges, et d'y passer la fête de Pâques.

Un autre auteur manuscrit, qui vivait environ l'an 1060, dépose, comme témoin oculaire, que plusieurs fois il avait vu des chaînes brisées, des criminels prêts à être suppliciés, liés et garrottés dans les prisons, délivrés de tout danger par les mérites de saint Martial ; que ses miracles étaient ordinaires ; que la cire qui brûlait devant les reliques du même saint guérissait les tumeurs et les enflures ; que la moindre portion de son tombeau était un remède souverain contre toute sorte de venin.

Une autre narration manuscrite du même temps assure que la seule terre proche du même sépulcre avait la force de chasser les démons. Descendant aux siècles suivants, Bernard Guy, évêque de Lodève, dans un Traité qu'il a fait des saints du diocèse de Limoges, parlant de saint Martial, dit que sa vertu et puissance est tous les jours visiblement reconnue et ressentie particulièrement par ceux qui sont travaillés du feu volage. Le pape Clément VI, dans une Bulle donnée à Avignon l'an second de son pontificat, atteste, comme chose notoire, qu'en son temps il se faisait des miracles continuels par l'intercession de saint Martial. Les faveurs de Dieu, par les mérites et prières de son très fidèle serviteur, ont continué depuis, et durent encore en notre siècle, où il se trouve quantité de personnes qui se reconnaissent redevables à saint Martial de leur santé, et d'avoir été préservées et délivrées de plusieurs dangers par son moyen. Ces miracles, que nous n'avons touchés que sommairement ou généralement avec beaucoup d'autres, que nous passons pour le présent sous silence, joints aux prompts secours et aux remèdes efficaces, en toutes occasions, pour ceux qui ont invoqué saint Martial, ont rendu sa mémoire recommandable, et ont entretenu et accru les dévotions dont nous traiterons ci-après. Dieu aussi s'est montré tellement jaloux de l'honneur qu'il avait décerné à son saint, qu'il s'est armé de vengeance contre ceux qui ont commis des irrévérences en son endroit. Saint Grégoire de Tours nous en fournit un exemple notable au quatrième livre de l'Histoire de France, chapitre 16, d'un nommé Léon, natif de Poitou, ministre des passions de Chramne, fils de Clotaire Ier, qui, après avoir dit que Martin et Martial n'avaient rien laissé d'utile pour les finances, fut incontinent frappé de la vertu de ces saints, devint sourd et muet, et mourut insensé; ainsi Dieu punit ceux qui s'opposent aux desseins qu'il a de faire honorer les saints, comme, au contraire, il récompense ceux qui leur sont dévots, après leur en avoir inspiré la pensée et l'affection, comme nous allons voir en la suite de ce discours.

## CHAPITRE III.

**De la Dévotion des Saints envers saint Martial.**

Les justes en ce monde font état de se conformer aux volontés de Dieu, lorsqu'elles leur sont connues ; et comme il leur fait paraître qu'il veut que ses saints soient honorés et glorifiés, ils se portent avec grand zèle à accomplir ce désir de Dieu en eux. C'est pourquoi on ne voit point de plus fréquentes et ferventes dévotions, que celles des saints de l'Eglise militante envers ceux de la triomphante. Qui peut aussi mieux juger des dons du ciel que ceux qui y conversent d'ordinaire par pensées et affections? Qui sait mieux la valeur de la grâce, qui est une manne cachée, que celui qui en goûte la suavité? Qui peut mieux estimer l'éminence de la sainteté de ceux qui sont en gloire, que ceux qui y aspirent continuellement par leurs saintes actions? Et lorsqu'il est question d'attester une vérité, comment en peut-on être mieux informé que par ceux qui en ont plus parfaite connaissance ?

Suivant ces considérations, nous ne pouvons concevoir une plus haute estime de saint Martial, qu'en remarquant combien les saints l'ont honoré, ni prendre un meilleur exemple de dévotion envers lui, que celui qu'ils ont donné en leur temps, et qui a été consigné à la postérité par les auteurs de l'histoire de leur vie.

Nous commencerons par ceux qui furent ses premiers disciples, saint Austriclinien et saint Alpinien, qui, ayant eu le bonheur de converser familièrement avec lui, reçu ses saintes instructions, été témoins oculaires de ses miracles et sainteté, et assisté à sa mort, lui témoignèrent une telle dévotion, que nous trouvons qu'après avoir enseveli son corps, ils demeurèrent quatorze ans servant Dieu près son sépulcre. Saint Austriclinien reconnaissait particulièrement tenir la vie du corps de lui, et avoir été perfectionné en celle de l'âme par son moyen; saint Alpinien se trouvait obligé très étroitement à son maître par des démonstrations singulières d'affection qu'il en avait reçues; beaucoup de miracles qui sont rapportés en sa vie, ont été faits après qu'il avait prié Dieu devant le sépulcre du même saint, et est remarqué que cela lui était ordinaire; même que, sur la fin de sa vie, il eut révélation du temps de sa mort, étant en oraison devant le même sépulcre.

Saint Aurélien et saint André, ayant été sacrificateurs des idoles, ressuscités et convertis à Jésus-Christ par ce grand saint, l'un d'eux demeurant son successeur en la charge épiscopale, et l'autre destiné au service de Dieu près son sépulcre, avec saint Hildebert, saint Celse et saint Nice, conservèrent toujours, pendant leur vie, la mémoire de saint Martial en vénération, et demandaient à Dieu d'achever heureusement leur course, par le secours de celui qui les avait mis dans la carrière. Saint Amafre, architecte de profession, dans l'âme duquel saint Martial avait jeté les fondements du christianisme, rendit son art pieux en construisant le sépulcre de son maître. Il faut encore mettre en cet endroit un saint évêque de Bretagne, nommé Androchius, qui, étant venu au tombeau de saint Martial et y faisant sa prière, fut martyrisé par les païens, duquel les reliques reposent en la chapelle de Notre-Dame, en l'église de Saint-Martial, derrière le grand autel, et la fête se célèbre le 24 septembre.

Que si nous passons aux siècles suivants, nous trouverons au quatrième le grand saint Hilaire, évêque de Poitiers, le défenseur de la foi orthodoxe, le fléau de l'hérésie des Ariens, le docteur des Gaules, qui, en reconnaissance de ce que son diocèse avait reçu la connaissance de Dieu par la bouche de saint Martial, vint à Limoges honorer sa mémoire, comme il se trouve dans la *Vie de saint Just*, son disciple, qui est manuscrite dans nos archives, en un livre qui paraît être de plus de six cents ans, et conforme à une ancienne chartre, que Jean Bouchet dit être au trésor de Saint-Hilaire-le-Grand, de Poitiers, aux chapitres 10 et 12 de la première partie des *Annales d'Aquitaine*. Saint Just avait la même dévotion, et en fit voir plusieurs effets, tant en compagnie de saint Hilaire qu'en son particulier; et lorsqu'il fit ce grand miracle en donnant la vue à un aveugle, il est dit expressément en sa vie qu'il sortait de l'église de Saint-Martial. Saint Léonard, illustre en extraction et en vertus, qui vivait du temps de saint Rémi et de Clovis, roi de France, rendit mêmes devoirs à notre saint Apôtre, et l'histoire de sa vie porte en termes formels qu'il avait accoutumé de visiter fort souvent l'église de Saint-Martial.

Saint Cibar, saint Vaulry et saint Yrieix, qui vivaient au vi[e] siècle, sont remarqués par actes authentiques avoir témoigné les mêmes sentiments de piété : le premier en donnant, avec son père, le lieu de Paunat, en Périgord, à saint Martial pour y bâtir une église en son honneur ; le second vint d'Allemagne à Limoges, et fit sa prière à Dieu devant le sépulcre de saint Martial, pour être aidé de son intercession et confirmé dans le dessein qu'il avait de mener une vie solitaire ; et comme il se fut retiré à la montagne de Benoarge, près le lieu qui porte aujourd'hui le nom du même saint, il est dit en sa vie qu'il avait certain temps de l'année pour aller faire ses prières au sépulcre de saint Martial, d'où il remportait toujours une plus grande force de vertu. Le troisième fut un rare ornement de Limoges en noblesse et sainteté, auquel saint Grégoire de Tours, son contemporain, donne de très beaux éloges en divers endroits de ses œuvres, singulièrement au livre 10 de l'Histoire de France, chapitre 29 ; et sa dévotion fut si remarquable envers S. Martial que, venant à Limoges par motif de piété, après avoir délivré miraculeusement plusieurs prisonniers condamnés à la mort, il les envoya au tombeau de saint Martial, pour le remercier de la faveur qu'ils avaient reçue ; aussi est mis saint Martial au nombre des saints qui, selon qu'il est rapporté par le même saint Grégoire de Tours, au lieu sus-allégué, assistèrent à la mort de saint Yrieix, et envers lesquels il avait été plus dévot.

Passant au siècle suivant, nous rencontrons saint Éloi, fondateur de Solignac, favori des rois, miroir des courtisans, la perle des prélats, l'apôtre de Flandres, qui répara et décora l'église de Saint-Martial à Paris, et y fit porter des reliques du même saint, avec cette solennelle procession dont nous avons parlé ci-dessus, sur le rapport de saint Ouen. Saint Gérald fut aussi fort dévot à saint Martial, et visitait souvent son tombeau, comme nous apprenons de la Chronique manuscrite de Geoffroy ou Gaufredus, et de ce que nous voyons dans le Traité des Miracles de saint Martial, sur la fin, que le même saint Gérald, durant sa vie, avait mis dans son monastère de Saint-Pierre d'Aurillac, des reliques de saint Martial avec grande révérence, ce qui fut cause qu'Étienne, évêque de Clermont, dédia un autel en son nom, qui fut orné par-dessus tous les autres. Je ne particularise point la dévotion de saint

Cessateur, de saint Ferréol, de saint Asclèpe, de saint Sadroc et de saint Loup, évêques de Limoges, chacun pouvant bien juger qu'étant ses successeurs, ils ne manquaient pas d'avoir recours à ses prières pour bien régir leur troupeau, comme il leur en avait laissé l'exemple.

Mais je ne puis oublier une belle cérémonie, dont on voit encore quelques vestiges aux processions solennelles de saint Martial. Lorsque l'on faisait quelques translations ou ostensions de ses reliques, l'on apportait de divers endroits de la Guienne les reliques des autres saints, comme nous le déduirons plus amplement en une autre occasion, afin qu'il parût que, comme ils avaient révéré ce grand saint en leur vie, leur corps, après leur mort, était porté devant celui de saint Martial pour marque d'hommage et dépendance.

# CHAPITRE IV.

### De la Dévotion des Papes envers saint Martial.

C'est à ceux qui ont l'intendance de l'Église, et qui sont interprètes de la volonté de Dieu, de faire honorer et révérer ceux que Dieu témoigne vouloir être honorés et révérés ; et eux-mêmes en doivent donner l'exemple à ceux qui les regardent comme des lumières brillantes et des modèles de perfection, en la conduite de leur salut et exercices de piété. Ces considérations ont porté plusieurs papes, cardinaux et autres prélats d'employer leur soin pastoral à ce que saint Martial reçût en l'Église le culte religieux qui lui est dû, et ils ont les premiers pratiqué ce qu'ils prescrivaient aux autres.

Ainsi, le pape Jean, dix-neuvième du nom, en une décrétale adressée à Jordain, évêque de Limoges, et aux évêques des Gaules, ordonne que saint Martial soit tenu pour Apôtre, et ajoute, pour marque de sa dévotion, qu'il a dédié en son honneur un très bel autel dans l'église de Saint-Pierre de Rome, en l'endroit qui regarde le Midi, le 8e des ides de mai, où la mémoire du même saint Martial est honorée tous les jours très dévotement, et principalement le jour de sa fête, qui est le dernier de juillet; afin, dit-il, que la révérence et célébrité d'un si grand Apôtre soit reconnue plus hautement en toute la terre.

Urbain II, en une bulle du 12 avril l'an 1097, mettant sous la protection du Saint-Siége les lieux et biens de l'abbaye de Saint-Martial, dit que c'est à raison de sa dévotion envers ce saint, tenant à grand honneur et faveur d'avoir visité son sépulcre, et sacré l'église de Saint-Sauveur, ce qui fut fait le dernier décembre l'an 1095, où il était accompagné des archevêques de Lyon, de Bourges, de Bordeaux, de Pise, de Rige; des évêques de Sègne, de Poitiers, de Saintes, de Périgueux, de Rodez et de Limoges. Nous y pouvons joindre Alexandre II, Pascal II, Eugène III, Adrien IV, Alexandre III, Urbain III, Grégoire X, Honorius IV, qui ont donné plusieurs beaux priviléges à l'abbaye de Saint-Martial, ès-années 1068, 1103,

1146, 1158, 1162, 1186, 1271 et 1285, comme l'on peut voir ès-bulles qui sont au trésor du chapitre de la même église.

Mais voici des actes de dévotion plus insignes. Jean XXII envoya à Notre-Dame du Puy, pour un grand présent, les souliers de saint Martial, enchâssés richement et magnifiquement, au rapport du P. Odo de Gissey, de la compagnie de Jésus, en l'Histoire du Puy. Clément V, venant à Limoges, désira de voir le chef de saint Martial, et, après l'avoir regardé révéremment, il le prit entre ses mains et le baisa en pleurant, un jour de dimanche, 24 avril l'an 1306, comme on trouve dans un ancien manuscrit tiré autrefois de la bibliothèque de la même abbaye.

Clément VI, en une bulle du 7 juillet l'an 1343, ordonne que l'on célèbre très dévotement la fête de saint Martial comme d'un Apôtre, avec office double, en Guienne, dont il est patron particulier, et témoigne avoir toujours eu une spéciale dévotion envers ledit saint; ce qui paraît en ce que, durant qu'il fut archevêque de Sens, il fonda une chapelle en l'honneur de saint Martial, laquelle il dota de plusieurs rentes, et donna d'autres notables revenus au chapitre de ladite église, pour y faire célébrer tous les ans avec solennité la fête du même saint, ainsi qu'assure Jacques Taveau, avocat de Sens, en son livre intitulé : *Acta archiepiscoporum Senonensium*. Innocent VI fonda à Toulouse un collége, qu'il voulut être appelé de Saint-Martial, pour laisser une preuve remarquable de sa dévotion envers ce saint, et le dota richement, comme nous trouvons en sa vie imprimée l'an 1632, sur des manuscrits de la bibliothèque du roi et de Foix, ce qui est aussi attesté par Nicolas Bertrandi, en son livre *De gestis Tholosanorum*.

Grégoire XI ne pouvait assez exprimer combien il honorait saint Martial ; mais, entre autres indices, nous en avons deux bien remarquables : l'un dans la bulle du 27 septembre 1376, par laquelle il permet aux abbés et religieux de Saint-Martial de choisir des confesseurs qui aient même pouvoir que les pénitenciers de Rome, en faveur de l'ostension du chef de ce glorieux Apôtre ; l'autre, dans la bulle du 8 janvier 1379, où il déclare expressément qu'à raison du zèle de dévotion spéciale qu'il a envers saint Martial, le voulant témoigner par effet, pour la louange et gloire de Dieu, pour la révérence et exaltation du nom du même saint, il a fait faire en Avignon une image d'argent doré, émaillé, enrichie de plusieurs pierres précieuses du poids de sept cents marcs et plus, laquelle il donne et envoie à l'abbaye de St-Martial, pour servir de reliquaire à tenir et conserver son sacré chef, qui était gardé en grande vénération dans ledit monastère, conjurant l'abbé et religieux d'avoir grand soin qu'il soit clos et tenu décemment et convenablement.

## CHAPITRE V.

### De la Dévotion des Cardinaux et autres Prélats envers saint Martial.

Tous les membres se doivent conformer au chef, ceux principalement qui lui sont plus étroitement unis : en cette qualité les cardinaux et grands prélats ont suivi parfaitement l'exemple des papes, chefs de l'Église universelle, en honorant saint Martial, outre les autres motifs qui les y obligeaient particulièrement.

Pierre, cardinal du titre de saint Crisogon,

évêque de Frescati, qui avait été légat du pape Alexandre III en ce pays, et conservé les droits de l'église de Saint-Martial, mourant à Ostie du temps du pape Luce III, donna, pour la dévotion qu'il avait envers ce saint, vingt marcs d'argent à la même église, au rapport de Geoffroy, en sa Chronique manuscrite. Le cardinal Conrad, légat contre les Albigeois, visita les reliques de saint Martial, avec huit évêques, le dimanche avant le temps de l'Avent, environ l'an 1221, comme j'ai trouvé dans un vieux livre de ladite abbaye.

Reinaud de la Porte, qui avait été évêque de Limoges, archevêque de Bourges, et depuis cardinal d'Ostie l'an 1246, fit fondation dans la même église, afin qu'on y priât Dieu pour lui par les mérites de saint Martial. Taleyrand, appelé le cardinal de Périgord, en fit de même, ainsi qu'il se voit en l'obituaire de ladite église. Audoin Albert, neveu du pape Innocent VI, cardinal-évêque d'Ostie, au commencement de son testament du 3 mai 1363, recommande son âme particulièrement aux prières de saint Martial.

Guy d'Arfeuille, appelé le cardinal de Sarragosse, à cause du grand zèle de dévotion qu'il avait envers saint Martial, ordonna que son corps fût porté de Viterbe, ville d'Italie, où il mourut l'an 1369, en l'église du même saint, où il est inhumé à côté du grand autel, et y donna beaucoup de biens. Guillaume de Chanac, surnommé le cardinal de Mende, eut la même dévotion, mourant en cour de Rome en 1384, faisant aussi de grandes donations à la même église.

Pierre de Crose, qui avait été religieux de saint Martial, prévôt de Roussac, archevêque de Bourges, puis d'Arles, et cardinal du titre de saints Nérée et Achillée, pour laisser à la postérité une marque durable de sa dévotion, fit bâtir à Avignon l'église de Saint-Martial que l'on y voit encore, et y fut enseveli l'an 1388. Il fit aussi édifier une chapelle en la ville d'Arles pendant qu'il en était archevêque, à l'honneur du même saint, et y fonda de quoi dire une messe tous les jours pour l'âme du pape Clément VI et de ses parents. Il institua dans la même église certain nombre de prébendiers, portant le titre de Saint-Martial, comme j'apprends de *l'Histoire des Archevêques d'Arles*, écrite par le sieur Saxi, chanoine de ladite église.

On pourrait ajouter à ceux-là, feu, d'heureuse mémoire, François, cardinal de Sourdis, archevêque de Bordeaux, qui, étant en cette ville, désira ardemment de voir le chef du glorieux apôtre de la Guienne, et le baisa avec un très grand sentiment de piété. Quant aux archevêques et évêques, ce serait chose ennuyeuse d'en faire une déduction particulière ; nous en avons déjà vu de fort célèbres au chapitre 3 de la *Dévotion des Saints*, nous en trouverons aussi plusieurs aux chapitres suivants, sur le sujet des translations, dédicaces et conciles tenus à Limoges ; et, pour le présent, nous nous contenterons d'en remarquer quelques-uns sommairement.

Aimery, évêque de Clermont, voulut que son anneau épiscopal fût attaché à la couronne d'or qui était au sépulcre de saint Martial, environ l'an 1130. Selon le récit de Geoffroy, en sa Chronique, Bernard, évêque de Saint-George de Lidde en la Terre-Sainte, après avoir apporté aux religieux de Grandmont la portion de la sainte Croix que leur envoya Amaury, roi de Jérusalem, vint faire sa prière à saint Martial l'an 1174, ainsi qu'il est contenu aux anciens livres de Grandmont et en la Chronique du même Geoffroy. Gérard de Malemort, archevêque de Bordeaux, employé du temps de saint Louis en l'ambassade d'Angleterre ; Guy de Neuville, évêque de Saintes ; Raymond d'Arfeuille, évêque de

Rodez ; Bernard Brun, qui avait été doyen de notre église, évêque d'Auxerre, ont fondé divers services dans l'église de St-Martial, pour témoigner leur dévotion envers ce saint.

Pierre André, premièrement évêque de Clermont, puis de Cambrai l'an 1348, doit aussi être mis en ce lieu pour avoir institué en son diocèse la fête de saint Martial, comme on peut voir au livre des *Origines de Clermont* du sieur président Savaron, et en la *Gaule chrétienne* du sieur Robert.

Pour les abbés et autres prélats, nous en trouverions sans nombre, fort dévots à saint Martial, et qui ont fait construire des chapelles en son honneur dans leurs églises, comme les abbés de Cluny celle dont il est fait mention au Catalogue desdits abbés, ès-nombres 31, 43 et 44. Mais il est temps de passer des dévotions de ceux qui ont eu la conduite de l'état spirituel, à ceux qui ont eu en main le gouvernement temporel.

## CHAPITRE VI.

**De la Dévotion des Empereurs et des Rois envers saint Martial.**

L'*Ecclésiastique*, au chapitre 45, parlant de Moïse, dit que Dieu l'a glorifié à la vue des rois ; mais, comme il ne réservait pas cette faveur seulement au conducteur de son peuple en la terre de promission, il a voulu faire part de cette gloire à ceux qui ont entrepris de mener les âmes dans la terre des vivants, dans la Jérusalem céleste. Et d'autant que saint Martial s'est dignement acquitté de cette charge, il l'a glorifié en la présence de plusieurs rois et empereurs, entre lesquels je trouve d'abord le premier roi chrétien Clovis, qui obtint la victoire contre les Goths, et conquit la Guienne sur eux par l'intercession et mérites de saint Martial, de saint Martin et de saint Hilaire, comme rapporte l'auteur anonyme d'une Chronique manuscrite que j'ai vue dans la bibliothèque de

M. de Thou, à Paris, laquelle achève environ l'an 1265; et sur la fin, un notaire, nommé Angel Albert, dit qu'il a écrit et copié cette Chronique par le commandement de maître Jean de Neelle, médecin du roi Charles et chapelain du pape.

Nous avons ensuite le roi Pépin qui, pour témoigner sa dévotion envers saint Martial, donna à ses chanoines la terre de Saint-Vaulry, et à ceux de Saint-Étienne, comme enfants de même père, la terre de Solignac, ainsi que nous apprenons de l'historien Aimar et d'un ancien manuscrit de l'abbaye de Saint-Martial, où cette donation est cotée du temps que ledit Pépin fut en Guienne pour la quatrième fois contre le duc Gaifer, et passa à Limoges au retour de Cahors.

Charlemagne, empereur des Romains et roi de France, successeur de la dévotion de son père aussi bien que de sa couronne, pour l'honneur qu'il portait à saint Martial, lui fit rendre le lieu de Paunac, en Périgord, qui avait été usurpé par ses prédécesseurs et uni à son domaine, comme je trouve en une ancienne chartre du même lieu. Nous avons une seconde preuve de la dévotion du même monarque, en ce qu'il envoya à Saint-Martial le corporalier appelé *Prandeum*, qu'il avait reçu du patriarche de Jérusalem, qui s'en était servi en disant la messe sur le sépulcre de Notre-Seigneur, lequel étant scellé fut mis dans une boîte au milieu du grand autel de Saint-Sauveur, et y fut trouvé environ l'an 1040, en remuant ledit autel, avec du baume et du saint-chrême envoyés par le même patriarche, ainsi qu'il est rapporté en un sermon ancien fait sur le sujet de la dédicace de l'an 1028.

Louis-le-Débonnaire, roi et empereur, est encore plus remarquable en la dévotion envers saint Martial, car il contribua beaucoup à faire bâtir l'église de Saint-Sauveur, afin que les reliques de saint Martial y fussent transportées de son sépulcre, qui était trop étroit pour l'affluence du peuple qui abordait de toutes parts, et assista à la translation desdites reliques et à la dédicace de l'église l'an 833, comme nous verrons plus amplement sur le sujet de la même translation. On tient que ce fut le même roi qui donna à Saint-Martial le château de Limoges, dont la bulle du pape Urbain II de l'an 1097 fait mention. Pour plus ample preuve de sa piété, l'an 839 il vint pieds nus, en habit de pèlerin, portant la haire, visiter le sépulcre de saint Martial, accompagné de trois cents chevaliers. Ces exemples entretinrent la dévotion des autres rois qui venaient à Limoges, comme Charles-le-Chauve, qui y tint les États l'an 848; et crois-je que par le même motif de piété, son fils Charles fut sacré roi de Guienne l'an 855 en l'église de Saint-Martial.

Pour ceux de la troisième race, nous n'en alléguerons que ceux desquels nous avons des mémoires exprès et authentiques. Louis-le-Jeune, l'an 1137, avant d'aller à Bordeaux pour épouser Eléonore, duch<sup>esse</sup> de Guienne, vint à Limoges, où, après avoir été reçu par l'évêque Eustorge en l'église cathédrale, il fut conduit en procession à Saint-Martial pour y faire sa dévotion. Saint Louis, allant en pèlerinage à Roc-Amadour avec sa mère Blanche, ses trois frères et le comte de Boulogne, fut à Limoges le 27 d'avril, et fut reçu processionnellement en la cité premièrement, puis à Saint-Martial, comme il est remarqué en un ancien livre manuscrit contenant plusieurs mémoires, particulièrement depuis 1200 jusqu'à 1300. Là même, on voit comment Philippe-le-Hardi, fils de saint Louis, revenant de Toulouse, et emmenant prisonnier le comte de Foix, arriva à Limoges à la fête de saint Pierre et saint Paul, où il fut reçu avec la même cérémonie, et fit les mêmes dévotions que son père l'an **1272**. Il fut encore à Limoges la veille de Pâques avec ses fils Philippe, roi de Navarre ; Charles, roi d'Arragon, et le cardinal Jean Chaulet, légat, et demeura huit jours à Saint-Martial.

Mais, remontant un peu plus haut, je vois Thibaud II, roi de Navarre, rendre les mêmes devoirs à saint Martial, étant à Limoges le lundi après la quinzaine de Pâques, l'an **1269** ; et, pour signaler davantage sa piété envers ce saint, la même année il fit bâtir en son royaume un monastère de l'ordre de Grandmont, qui porta le nom de Saint-Martial de Tutelle, comme il se voit ès-archives de l'abbaye de Grandmont. Jacques, roi de Majorque, retournant de Poitiers où il était allé pour voir le pape Clément V, vint aussi à Limoges le 13 de juin l'an **1307**, et fut reçu solennellement à Saint-Martial, où il fit sa dévotion. Charles VII, venant aussi en cette ville l'an **1442**, accompagné du dauphin, des ducs de Lorraine, d'Orléans et de la duchesse sa femme, du comte du Maine et de plusieurs autres princes, fut mené en procession à Saint-Martial, dont il y a une relation manuscrite du même temps, confirmée par Nicole Gilles en ses *Annales*, mettant l'arrivée du roi à Limoges en même année, et ajoutant qu'il y tint haute fête. Le roi Louis XI, après son voyage du Bordelais, fut reçu le 1<sup>er</sup> juillet 1462 par l'évêque et chapitre aux Frères prêcheurs, qui le conduisirent à l'église cathédrale; de là, entrant par Manigne, vint à Saint-Martial, au rapport de l'auteur du livre des *Antiquités de Limoges* qui achève l'an 1538. A cela nous joindrons Antoine de Bourbon, roi de Navarre, et son fils Henri-le-Grand, roi de France et de Navarre, dont l'un fut reçu à Limoges comme vicomte l'an 1555, et l'autre comme roi l'an 1605, et tous deux honorèrent saint Martial, selon la coutume de leurs prédécesseurs.

## CHAPITRE VII.

### De la Dévotion des Princes, Ducs et autres grands seigneurs envers saint Martial.

Honorer les saints selon le sentiment de l'ancienne noblesse, c'était faire profession du vrai honneur; rechercher leur faveur envers le Roi des rois, c'était bien faire sa cour; employer les fonds de terre à doter des églises en leur nom, c'était faire une honorable dépense.

Ces considérations portèrent Raimond, comte de Limoges, a donner le lieu de Ruffec en Berry à Saint-Martial, suivant une ancienne chartre qui est d'environ l'an 830. Par le même motif, Aimar, comte de Poitiers, vivant du temps du roi Eudes, Guillaume III et Guillaume IV, ducs de Guienne, firent donation de Moulton en Angoumois, et d'Anes au pays d'Aunis, au rapport de l'historien Aimar, duquel nous apprenons aussi les libéralités d'Aldoin et de Guillaume, surnommé Taillefer, comtes d'Angoulême, dont l'un donna au même saint une église de Notre-Dame, près Fronsac, avec l'île de Dordogne, et l'autre les églises de Chantrezac et de Manoc, ès-diocèses d'Angoulême et de Limoges.

Nous trouvons dans le même auteur, que Guillaume IV, duc de Guienne, fit un autre acte de donation, après l'élection de Jordain, évêque de Limoges, en ce qu'étant reçu en la Cité, il est remarqué qu'il fut à Saint-Martial, où il visita le sépulcre et y entendit la messe. La chronique du moine Geoffroy fait état de ce que, du temps du roi Robert, Élie et Iscafred, deux hommes illustres, donnèrent, l'un Rieupeyroux en Rouergue, l'autre Chales en Saintonge, pour y bâtir des églises et monastères en l'honneur de saint Martial. Il ajoute, que Gérald de Crosenc fit don au même apôtre du lieu de la Souterraine, Gérald, évêque de Limoges, stipulant et acceptant, en présence de Guillaume, duc de Guienne, de Bernard, comte de la Marche, et d'Aimeric de Rancon.

Qui voudrait particulariser les autres grandes donations faites en diverses provinces, par les princes, ducs, comtes, vicomtes et autres seigneurs; il faudrait copier plusieurs bulles des papes, qui mettent ces bienfaits sous la protection du Saint-Siége, et faire un inventaire du trésor et archives de l'abbaye de St-Martial. Il se trouvera occasion d'en dire quelque chose aux chapitres suivants, et, pour le présent, nous passerons à d'autres témoignages fort remarquables de dévotion envers le même saint.

Bohémond, prince d'Antioche, ayant été pris du temps de la guerre sainte par les Sarrasins, fut délivré miraculeusement, et le moine Geoffroy dit expressément que, venant en France, il rendit actions de grâces pour sa délivrance à saint Martial et à saint

Léonard. Le même historien a conservé la mémoire de ce qu'Alphonse, comte de Toulouse, fils de Raimond IV, surnommé de Saint-Gilles, vint à Limoges pour se trouver à la fête de saint Martial, où assistèrent l'archevêque de Tours, et Albéric, patriarche de Bourges; et, pour nous faire entendre que ce comte y était venu par dévotion, l'auteur remarque qu'il ne savait point que le roi Louis-le-Jeune y dût arriver, et ajoute que plusieurs chevaliers et princes qui étaient venus à la solennité de saint Martial attendirent le roi qui de là s'en allait à Bordeaux pour épouser Éléonore, duchesse de Guienne, comme nous avons dit au chapitre précédent. Il dit ensuite que ce mariage ayant été déclaré nul au concile de Beaugency, Henri, duc de Normandie et comte d'Anjou, qui fut depuis roi d'Angleterre, ayant épousé Éléonore l'an 1152, et par elle étant duc de Guienne, vint à Limoges, capitale du duché, en automne, où il fut reçu comme nouveau duc de Guienne, et de là fut à Saint-Martial pour y faire sa dévotion.

Le même auteur nous apprend encore que Thibaud, comte de Blois, le jour de l'octave de l'Ascension revenant de Saint-Jacques, fut reçu solennellement par les religieux de Saint-Martial, au sépulcre, où il fit offrande de dix marcs d'argent ; que l'on chanta à la procession : *O quam Gloriosus est Miles sanctus Martialis*; que le lendemain il demanda qu'on lui montrât le chef de saint Martial, qu'il le vit, et en reçut grande joie. Ce fut l'an 1159 ou 1160, par les conjectures que l'on peut prendre des tenants et aboutissants du reste du discours.

Henri-le-Jeune, duc de Guienne, fit aussi sa dévotion à saint Martial environ l'an 1179, et fit présent d'un riche manteau, en la riche broderie duquel on lisait : *Henricus rex*; et quoiqu'il fût pressé de partir, néanmoins la fête du saint approchant, il retarda son voyage pour y assister. La nécessité de ses affaires l'ayant depuis porté, en l'an 1182, à prendre cinquante-deux marcs d'or et cent trois marcs d'argent du trésor de la même église, pour soutenir la guerre contre son père, il s'en repentit fort, se trouvant malade à l'extrémité à Martel; et voici ce qui en est dit dans la même Chronique : *Dei misericordiam medullitus invocabat, Virginis Mariæ, omniumque sanctorum auxilium implorabat, sanctum Martialem subvenire sibi humiliter postulabat, ob cujus injuriam letaliter vapulabat.* Dans la lettre qu'il écrivit à son père

Henri-le-Vieux, entre autres points, il le priait expressément de rendre aux églises leurs trésors, et principalement à saint Martial, désirant que son corps fût porté à Limoges, et que, pour satisfaction, ses entrailles, ses yeux et son cerveau fussent jetés devant le même saint et y fussent retenus jusqu'à entier payement, ce qui fut fait ; Guillaume, prieur de Grandmont, général de l'ordre, se rendant caution pour Henri II.

Mais pour laisser les discours des princes d'Angleterre, je vois que ceux de notre France n'ont pas fait paraître moins de dévotion envers saint Martial. Nous en avons deux preuves manifestes, l'une de Louis, fils de Philippe-Auguste, qui, en l'an 1213, venant en Guienne (comme il est raconté dans le livre intitulé *Præclara Francorum facinora*, imprimé à la fin de l'histoire des comtes de Toulouse, du sieur Catel), faisant son entrée à Limoges, ne manqua pas de rendre les honneurs accoutumés à notre saint ; l'autre de Charles, dauphin de Viennois, qui, revenant de Languedoc l'an 1421, fut reçu à Limoges le 20 janvier. Et quoique notre historien qui parle de ces entrées ne dise pas expressément que ces princes furent en dévotion à saint Martial, néanmoins, à mon avis, il n'y a pas lieu d'en douter, puisque c'était chose ordinaire; et j'en tire la preuve de ce que je trouve dans un ancien manuscrit contenant plusieurs mémoires de divers temps, et finissant l'an 1319, qui porte qu'à la fête de saint Grégoire le frère de Philippe, roi de France, comte de la Marche, fut à Limoges et ne visita point le saint ni n'entra au monastère, ce qu'il dit être inouï : *Non visitavit Sanctum, neque intravit monasterium, quod est inauditum;* pour faire connaître que les princes passant par Limoges avaient toujours accoutumé d'honorer saint Martial.

Monseigneur le prince de Condé, allant à Saint-Léonard rendre son vœu, eut cette dévotion venant en cette ville, où il demanda à voir le chef de saint Martial, qui lui fut montré par feu, de bonne mémoire, messire Raimond de La Martonie, évêque de Limoges, l'an 1620.

Nous pouvons encore mettre au rang des grands seigneurs tous les gouverneurs et lieutenants du roi en cette province, qui, après leurs entrées, ont été conduits en l'église de Saint-Martial. La dévotion de feu M. le maréchal de Schomberg a paru éminente entre les autres en l'ostension de l'année 1624, durant laquelle on l'a vu visiter souvent et baiser le sacré chef du même saint, tenant à très grande faveur d'avoir quelque pièce de ce qui avait été employé à le couvrir.

## CHAPITRE VIII.

### De la Dévotion des Nations étrangères envers saint Martial.

Après avoir fait voir en particulier et par l'ordre des temps les dévotions de diverses personnes et différentes conditions envers saint Martial, il nous en reste d'autres à traiter qui sont plus générales et qui ne se peuvent pas toujours réduire précisément à une méthode chronologique. Je remarque en premier lieu que Dieu, en récompense de ce que saint Martial avait quitté son pays natal pour porter son nom aux nations éloignées, a voulu que sa mémoire fût honorée par tout le monde, et l'a fait ainsi déclarer par les vicaires généraux, chefs visibles de l'Église catholique.

Jean XIX du nom, en la décrétale dont nous avons fait mention ci-dessus, dit qu'il a dédié un autel dans Saint-Pierre de Rome à l'honneur de saint Martial, afin que la révérence et célébrité d'un si grand Apôtre soit reconnue plus hautement dans tout le monde, *Ut reverentia et celebritas tanti Apostoli in toto orbe terrarum excelsius recolatur.* Le martyrologe romain, qui passe sous silence grand nombre de saints de France, fait ample mention de saint Martial le dernier de juin, et on avait mis dans l'ancien bréviaire romain la fête et office de saint Martial, afin que les églises particulières de la chrétienté invoquassent ce grand saint, à l'exemple de celle qui est la mère et maîtresse de toutes, comme il est rapporté au discours des chanoines de l'église cathédrale de Colle ou Else en Toscane, présenté l'an 1617 au cardinal Bellarmin, commis par la congrégation des cérémonies pour la décision de la question, s'ils devaient faire l'office de saint Martial comme d'un apôtre selon leur coutume, ou d'un confesseur selon le sentiment de leur évêque.

Les raisons qu'ils alléguaient furent envoyées à feu messire Henri de La Martonie, évêque de Limoges, à Messieurs du chapitre de St-Martial et à Messieurs les consuls de la ville, par les mêmes chanoines, demandant autres mémoires s'il s'en trouvait en ce pays. Ce qui fait voir la dévotion envers le même saint dans l'Italie. Le peuple de cette cité, disent-ils, reconnaît avoir été baptisé par saint Martial, lorsqu'il y passa venant de Rome en France, et qu'il ressuscita saint Austriclinien son compagnon, en témoignage de quoi il y a, hors ladite cité et près la rivière d'Else, une très ancienne église en l'honneur dudit saint, au lieu où le miracle fut fait. La même chose est confirmée par ce qui se lit en un sermon fort ancien de saint Austriclinien, dans un beau manuscrit de saint Martial, où sont ces mots : *Austriclinianus mortuus in loco qui dicitur Elsa*, et après, *Eo porro loco ecclesia in perpetuum testimonium nominis Beati Martialis hodieque monstratur*. A quoi, pour plus grande preuve, on peut ajouter le rapport que fit Gérald, abbé de Solignac, au concile de Limoges tenu l'an 1031, dont voici les propres termes : *Apud Elsam monstratur semper locus ubi Martialis Austriclinianum suscitavit*. Aimar témoigne, comme nous avons vu au chapitre 2, que des grands seigneurs d'Italie vinrent à Limoges, environ l'an 1010, sur le bruit des miracles de ce saint. Un auteur anonyme manuscrit que j'ai entre mes mains, et qui paraît être d'environ l'an 1040, fait voir la dévotion envers saint Martial en un autre endroit de l'Italie. J'ai, dit-il, vu moi-même un Italien qui, passant la nuit en prières devant la mémoire du saint Apôtre, se trouva le lendemain en grande joie, de ce qu'il avait recouvré la vue, et s'en retourna à Térémone, ville de sa naissance, en Lombardie, d'où il était venu à Limoges.

Pour l'Espagne, je trouve dans un ancien manuscrit en vers, qui a pour titre : *Codex Petri Scolastici de Apostolo Domini Sanctissimo viro Martiale*, qu'en une église de saint Martial posée sur le haut d'une montagne appelée Signe, au-delà de Barcelone, un homme y fut ressuscité par les prières du même saint ; et l'auteur en parle comme de chose advenue de son temps :

*Ultra Barcinonam mons nomine*
*Signus habetur.*
*Vertice qui proprio fert Ecclesiam*
*Patris almi.*

La bulle d'Adrien IV, faisant le dénombrement des biens donnés à Saint-Martial en divers lieux, y comprend l'église de Saint-Léonard, au diocèse de Terrassone.

Quant au royaume de Navarre, nous avons vu ci-dessus que le roi Thibaud y bâtit une église et monastère en l'honneur de saint Martial l'an 1269. Et, pour faire voir généralement que la dévotion envers saint Martial était grande dans toute l'Espagne, les abbés et religieux de Saint-Martial de Limoges envoyaient de temps en temps des receveurs des deniers de quêtes et confréries, qui étaient employés à la nourriture des pèlerins malades du feu volage, qui venaient à Limoges de toutes les parties du monde, comme j'ai vu particulièrement ès-lettres en forme dudit couvent, adressées aux rois, reines, archevêques, évêques et autres supérieurs ecclésiastiques des royaumes d'Espagne, d'Arragon, de Portugal, de Navarre, de Castille et Séville, du 23 juin 1481. Nous pouvons ajouter ce qui fut dit par Gérald, abbé de Solignac, au concile de Limoges, dont nous avons parlé en ce même chapitre : que saint Martial était mis au rang des apôtres dans les Litanies des Espagnols, comme il paraissait par les livres qui avaient été portés de ce pays.

Un ecclésiastique d'Angoulême, qualifié homme de doctrine, accompagnant au même concile leur évêque Rohon, dit en confirmant le discours de l'abbé Odolric, touchant la dévotion des Anglais, qu'il y avait sept ans que Guillaume, duc de Guienne, avait reçu, entre autres présents du roi d'Angleterre, un livre écrit en lettres d'or, où saint Martial était au rang des apôtres, lequel livre fut montré par ledit duc à l'archevêque de Bordeaux, et à d'autres évêques, en un concile de Poitiers. Geoffroy, en sa Chronique, rapporte que deux chanoines d'Angleterre vinrent à Limoges avec des lettres de l'évêque de Lincoln, demandant des reliques de saint Martial pour le monastère de Prémonstré ; ce fut environ l'an 1163. Il ajoute que ce couvent, bâti depuis peu par un prince, et dédié à l'honneur de saint Martial, commandait de son temps à neuf abbés.

L'auteur ancien d'un sermon sur le sujet de la dédicace de l'église de Saint-Martial, faite l'an 1028, parlant des fréquents miracles opérés par l'intercession de saint Martial ès-église de son nom, faisant mention particulière de celle d'Angoulême, ajoute que le même se voit ès-autres églises dédiées en son honneur en divers lieux de l'Occident, comme plusieurs attestent, et que lui-même dit avoir vérifié devant plusieurs témoins.

Mais Dieu, ne voulant pas que la gloire de saint Martial fût terminée dans l'Occident, l'a fait aussi honorer en Orient, dont nous avons la preuve de l'abbé de Massay, en Berry, réputé homme savant, qui rapporta au concile de Limoges qu'avant de prendre l'habit de religieux, allant à Jérusalem, il passa par Constantinople, où, assistant à l'office solennel du samedi de la Pentecôte en l'église de Sainte-Sophie, il entendit qu'aux Litanies grecques on invoquait saint Martial. A quoi nous joindrons le témoignage de ce chanoine d'Angoulême, dont nous avons parlé ci-dessus, qui déclara audit concile qu'il y avait plusieurs années que deux religieux du mont de Sinaï, l'un nommé Siméon, l'autre Cosme, personnes de grande piété, doctrine et gravité, faisant assez long séjour à Angoulême, où ils attendaient le comte, étant enquis si les Orientaux avaient quelque connaissance de saint Martial, lui répondirent qu'ils le tenaient pour un des soixante-douze disciples, et qu'ils en avaient la vie, comme des autres, au mont de Sinaï, en leur langue. Qui voudrait croire André Thevet, trouvera au livre VI de sa *Cosmographie*, chapitre 7, qu'il dit avoir vu en la Terre-Sainte, près Rama, une église fondée par Charlemagne à l'honneur du même saint.

Pour faire voir plus amplement la dévotion générale de plusieurs pays étrangers à saint Martial, je veux rapporter ce que j'ai remarqué dans un sermon fort ancien sur la première translation du corps de saint Martial, où l'auteur parle en cette sorte, selon la traduction fidèle que j'en ai faite : La seule invocation du nom de saint Martial, sur terre ou sur mer, ou aux grands dangers, lorsqu'il est appelé au secours de ceux qui lui sont dévots, chasse la mort, garantit du péril et donne toute assurance. Vous savez que plusieurs ont expérimenté ce que je dis, que beaucoup de personnes de pays éloignés et étrangers sont venues fort souvent à son sacré tombeau, pour lui rendre grâce des faveurs qu'ils avaient reçues ; et je pense que vous n'avez pas perdu la mémoire de ce prince ecclésiastique du lieu de Vabrez, qui, revenant des saints lieux de Jérusalem, avec grande multitude d'autres, fut pris par les Sarrasins en la ville de Barut. Etant serrés très étroitement dans une prison, chargés de chaînes et de fers de grande pesanteur, abattus par la faim, entourés jour et nuit de plusieurs gardes sarrasines avec armes, ayant été condamnés, après trente jours, à être décapités, la nuit précédant le jour qu'ils devaient être menés au supplice, ils se mirent à invoquer le secours de saint Martial, patron de Guienne, durant une heure; incontinent après, leurs chaînes furent brisées, la porte de fer s'ouvrit d'elle-même, les Sarrasins qui veillaient furent aveuglés, les Grecs et les Latins s'en allèrent librement sans aucun empêchement de personne, et, passant par des lieux écartés, arrivèrent à Antioche. Là, reprenant ce qui leur appartenait, et s'en retournant avec assurance, étant sur mer, ils furent agités de la tempête durant trois jours entiers, et comme ils se virent hors d'espérance de se sauver, et qu'ils avaient la mort devant les yeux, tous d'une commune voix invoquant saint Martial, apôtre de Dieu, crièrent qu'il les secourût; aussitôt la tempête s'apaisa, et, le même jour, un vent favorable les conduisit au port qu'ils désiraient; plusieurs desquels vinrent au sépulcre de l'Apôtre pour lui rendre grâces, dont ceux de Limoges sont témoins, ce que nous avons estimé à propos de traiter plus amplement en une autre œuvre, ainsi que nous l'avons appris des pèlerins mêmes.

Nous conclurons par une autre narration de l'historien Aimar : Les Maures de Cordoue, dit-il, firent de nuit une descente à

Narbonne, et, l'ayant investie de grand matin, la pensaient prendre, suivant la promesse de leurs magiciens; mais les chrétiens, après la communion du corps et du sang de Notre-Seigneur, s'étant jetés sur eux avec grand courage, emportèrent la victoire, en sorte que tous les Sarrasins furent tués ou pris, avec leurs vaisseaux et grand butin. Les captifs furent vendus ou retenus esclaves; on en envoya vingt, de corpulence énorme, à Saint-Martial de Limoges, en offrande; l'abbé Geoffroy en garda deux en qualité de serfs, et, pour les autres, il les distribua aux princes ou seigneurs pèlerins qui étaient venus à Limoges de diverses contrées. Ce fut environ l'an 1020. De ces discours il résulte que saint Martial était invoqué en beaucoup d'endroits parmi les nations étrangères, et que plusieurs personnes, ne se contentant pas de le révérer en leur pays, venaient au lieu où Dieu a voulu que sa mémoire fût en particulière vénération.

## CHAPITRE IX.

### De la dévotion de la France envers saint Martial.

Saint Grégoire-le-Grand, écrivant à Théoderic et Théodebert, rois de France, en l'épître 58 du livre V, reconnaît que Dieu a décoré ce royaume de la droite et vraie foi, et qu'il l'a rendu éclatant entre les autres nations par l'intégrité de la religion chrétienne; et Clément V, au chapitre *Meruit extrav. comm. de privil.*, estime fort la sincérité de la dévotion des Français. Ces bonnes qualités ont paru au culte divin et en l'honneur qu'ils ont rendu à ses fidèles serviteurs, entre lesquels il y a des saints qui sont invoqués dans quelques diocèses particuliers, et d'autres comme plus célèbres en vertus et en miracles, sont reconnus plus universellement en l'Église gallicane, du nombre desquels est notre saint Apôtre.

Pour commencer par la ville capitale du royaume, nous voyons, par le récit de saint

Ouen en la *Vie de saint Eloi*, dont nous avons déjà fait mention, que la dévotion à saint Martial est fort ancienne à Paris. Car, afin qu'on ne pense pas que saint Eloi, suivant la piété et affection de son pays, l'y ait introduite, l'auteur remarque que ledit saint Eloi ne fit que réparer et décorer l'église de Saint-Martial à Paris, qui y avait été bâtie longtemps auparavant. Il en reste encore une église paroissiale dans la Cité, portant le nom du même saint, qui n'est que le lieu où était anciennement le chœur de l'église du monastère fondé par saint Eloi, ainsi qu'a observé le sieur de Montigny, chanoine et archidiacre de l'église de Noyon, en ses Notes sur la vie du même saint Eloi, qu'il a traduite en Français. La fête de notre saint est encore célébrée à Paris et dans le diocèse, avec office double, comme il se voit dans leurs Bréviaires récents. Pierre Roger, archevêque de Sens, depuis pape, l'institua en son église métropolitaine et diocèse; Pierre André, évêque, en fit autant à Cambrai, comme il a été remarqué ci-dessus.

Le sieur Robert, en sa *Gaule chrétienne*, rapporte qu'ès-anciennes litanies de l'église de Rouen, métropolitaine de la Normandie, saint Martial y est mis comme disciple de Jésus-Christ, et atteste avec le sieur Doublet, religieux de Saint-Denis, en son livre des *Antiquités et Recherches* de ladite abbaye, qu'il est inséré ès-Bréviaires de Sens, de Reims, de Soissons, de Langres, d'Autun, d'Auxerre, de Noyon, du Mans, d'Orléans, de Nevers, de Chartres et de Saint-Denis. En l'archiprêtré de Pluviers, ès-diocèse d'Orléans, il y a une église paroissiale de Saint-Martial de Châteauneuf, et nous lisons dans une chartre du roi Dagobert, l'an 15 de son règne, signée de saint Ouen, archevêque de Rouen, qu'il donne entre autres églises à l'abbaye de St-Denis, celle de St-Martial de Salviac dans le Berry. Qui s'informerait plus exactement des autres diocèses de la Loire, trouverait, comme je crois, qu'il y a plusieurs autres églises dédiées à saint Martial, et qu'il est honoré dans leurs offices. La conférence faite devant le roi Robert, Gaulénus, archevêque de Bourges, et plusieurs autres évêques et notables personnes de ce royaume, dont il est parlé au concile de Limoges, fait voir que les Français honoraient fort saint Martial, ce que témoigna particulièrement pour le Berry et la Touraine, Ragenbald, abbé de Meaubec, en un synode de la semaine de

Pentecôte, tenu par Jordain, évêque de Limoges, comme il est rapporté au même concile. Que, si nous parcourons les autres provinces de la France, nous trouverons, selon le récit du même sieur Robert, au livre sus-allégué, qu'à Aix en Provence on honore saint Martial avec l'ancien hymne du Bréviaire de Limoges.

*Martiali apostolo,*
*Aquitanorum Domino,*
*Psallat Mater ecclesia,*
*Ejus colens solemnia.*

Nous avons aussi vu ci-dessus, au chapitre 5, comment saint Martial est vénéré particulièrement en Avignon et à Arles, dans les églises de son nom, fondées par le cardinal de Crose. Les biens, monastères et églises, dont les donations ont été faites à saint Martial en divers endroits de la France (sans y comprendre la Guienne), comme ès-diocèses de Toulouse, Narbonne, Béziers, Dié et autres dénommés ès-bulles d'Urbain II et de ses successeurs, forment une preuve très claire de la dévotion envers ce saint. Toulouse l'honore particulièrement pour leur avoir prêché l'Evangile et avoir fondé leur église en l'honneur de saint Etienne, ainsi que rapporte Nicolas Bertrandi en son livre de *Gestis Tholosanorum;* et ceux qui parlent plus avantageusement de saint Sernin, premier évêque de Toulouse, disent qu'il fut aidé par saint Martial en la conversion des Toulousains, ce qui est représenté sur le portail de l'église collégiale dudit saint Sernin, avec ces mots :

HIC SOCIUS SOCIO SUBVENIT AUXILIO.

Le même Bertrandi nous apprend que saint Martial apporta en Béarn et aux pays circonvoisins la connaissance de Jésus-Christ, et dit avoir vu dans les anciens livres de l'église cathédrale de Toulouse, lorsqu'il était avocat du chapitre, que notre saint avait fondé quatorze églises en l'honneur de saint Etienne.

Nous avons sujet de comprendre parmi les dévotions générales de la France à saint Martial, ce qui est déduit par Geoffroy, en sa Chronique, où, après avoir parlé de la dédicace de l'église de Grandmont, faite un dimanche quatrième jour de septembre, par Pierre, archevêque de Bourges, Bertrand, archevêque de Bordeaux, Gérald, évêque de Limoges, autre Gérald, évêque de Cahors, et Jean, évêque de Périgueux ; il poursuit en disant : là furent portées, du monastère, des reliques de l'apôtre saint Martial, lesquelles ils reçurent tous avec procession solennelle, duquel saint ils font station à matines et à vêpres partout, c'est-à-dire dans l'ordre, qui était pour lors de grande étendue, et dont il y avait des maisons presque en toutes les provinces du royaume, en Navarre et en Angleterre, en tous lesquels endroits ils prouvent que saint Martial fut honoré. Ils ont encore ces sacrées reliques, et font fête de saint Martial dans tous les prieurés conventuels de leur ordre, et y a une chapelle au bas de l'église dudit Gradmont, dédiée au même saint, comme en l'abbaye de Cluny, en Bourgogne, de laquelle nous avons parlé à la fin du chapitre 5. Mais il n'y a partie de la France qui ait révéré saint Martial avec tant de dévotion que la Guienne; c'est pourquoi nous en ferons un chapitre à part.

# CHAPITRE X.

### De la dévotion de la Guienne envers saint Martial.

L'honneur est une reconnaissance que l'on rend à quelqu'un, pour le mérite et excellence qui sont en lui ; mais il requiert une déférence particulière, quand les bonnes qualités que l'on honore sont employées en faveur de ceux qui font la soumission. L'*Ecclésiastique* établit cette vérité, lorsqu'il dit au chapitre 10 : *Qu'au milieu de Frères, le conducteur ou directeur d'iceux est en honneur,* à raison du bien qu'ils reçoivent de sa conduite. Sur ce principe, saint Martial, ayant éclairé, régi et conduit les âmes des peuples de Guienne à la fin de leur salut, à la connaissance et amour du vrai Dieu, et les ayant assistés continuellement par ses prières, a reçu dans ces pays un honneur singulier et une dévotion spéciale.

Le roi Robert, Guillaume, duc de Guienne,

les archevêques de Bourges, de Bordeaux et de Tours, avec Isembert, évêque de Poitiers, Arnaud de Périgueux, Islo de Saintes, Rohon d'Angoulême, Jordain de Limoges, et leurs autres confrères, en une lettre écrite au pape Benoît VIII, reconnaissent en termes exprès que saint Martial a converti toute la Guienne : *Totam Aquitanicam gentem à via erroris ad veram vitam quæ Christus est perduxit.* Emile, évêque d'Albi, fit la même déclaration au concile de Limoges, disant que saint Martial avait été la lumière de la Guienne, qu'il vint le premier en ce pays sauver les hommes, et que pour ce sujet il mérite un honneur plus éminent. *Hunc Aquitaniæ coruscum illuminatorem qui ad hanc plagam patres nostros venit primus saluare, et justissimum et dignissimum esse omnimodo censemus, ut quo magis possumus excellentiori habeamus honore.* Le religieux Aimar, en un sermon manuscrit de saint Martial, dit, conformément à cela, qu'il n'y a ni savant, ni ignorant en Occident qui puisse contredire cette vérité. Et saint Martial pourrait dire à ceux de la Guienne ce que saint Paul écrivait en la *Première aux Corinthiens,* chapitre 9 : *N'êtes-vous pas mon ouvrage en Notre-Seigneur; et quand je ne serais point apôtre pour les autres, je le suis toutefois pour vous, car vous êtes le sceau de mon apostolat en Notre-Seigneur.*

Sur cette considération, le pape Clément VI, en la bulle dont nous avons fait mention au chapitre 4, appelle saint Martial Apôtre spécial de la Guienne : *Attendentes præclara merita sanctitatis, quibus Beatus Martialis, Aquitanorum Apostolus specialis in Ecclesia Dei verbo resplenduit et exemplo, etc.* Et, pour en dire quelque chose de plus particulier, Bernard Guy, évêque de Lodève, au Catalogue des saints du Limousin, dit que saint Martial a fondé les églises de Bourges, de Clermont, du Puy, de Mende, de Rodez, de Cahors, d'Agen, de Périgueux, de Toulouse, de Poitiers, de Saintes, d'Angoulême et de Bordeaux, suivant qu'il l'avait recueilli de plusieurs Chroniques anciennes.

La plupart de ces diocèses s'en estiment fort honorés à présent. Pour Bordeaux, la *Chronique Bourdeloise* du sieur de Lurbe assure que saint Martial y a jeté heureusement les fondements de la religion chrétienne, après avoir démoli les autels des faux dieux. Le P. Odo de Gissey, de la Compagnie de Jésus, dans son *Histoire du Puy en Velay*, assure que ce siége épiscopal a été établi par saint Martial, et atteste que tous les diocèses de Guienne ont une dévotion et révérence particulière pour saint Martial, comme leur père et apôtre. Le sieur Savaron parle conformément pour le Puy, et y ajoute Rodez, Clermont et Mende, suivant des chroniques écrites à la main et abrégées, environ l'an 1274, en deux endroits des *Origines de Clermont;* et au Catalogue des évêques de Mende, saint Severian, premier évêque, est appelé disciple de saint Martial, ainsi qu'on peut voir en la *Gaule chrétienne* du sieur Robert.

Guillaume de La Croix, avocat au présidial de Cahors, qui a travaillé fort exactement à déduire la suite et les actes de leurs évêques, reconnaît en l'introduction de son livre que leur pays a reçu les premières instructions du christianisme de saint Martial, et fait état d'une chose qu'il a voulu consigner à la postérité pour mémoire perpétuelle. Le diocèse de Cahors (dit-il) avait souffert quelques années des incommodités incroyables des tempêtes et des grêles, qui arrachaient les arbres et gâtaient les fruits de la terre, le dernier jour de juin; de quoi le seigneur évêque messire Siméon de Popian, avec les sieurs chanoines de l'église cathédrale, se mirent à rechercher la cause, et n'en trouvèrent point d'autre, si ce n'est que saint Martial n'était pas honoré au jour que l'on avait accoutumé de célébrer sa fête suivant l'ancien calendrier, avec trois chapes, comme d'un apôtre; c'est pourquoi ledit évêque et chanoines ordonnèrent que l'on ferait fête chômable tous les ans le dernier de juin, et depuis que cela fut pratiqué, cette calamité cessa dans le pays, qui arrivait précisément à ce jour, ce qui est (dit le même auteur) un témoignage très assuré et perpétuel de l'apostolat de saint Martial et de la faveur qu'il a départie à ce pays, auquel sujet il applique ces vers du poète :

*Tibi sic vota quotannis*
*Agricolæ facient, damnabis tu quoque votis.*

Jean Bouchet, en la première partie des *Annales d'Aquitaine*, chapitre 4, avoue que les Poitevins ont été instruits en la foi par saint Martial. Le même fut assuré de l'Angoumois au concile de Limoges, par le récit d'un livre de l'évêque Hugues, décédé quarante ans auparavant, où il est dit que saint Martial, ayant converti les Angoumoisins, il leur laissa saint Ausonin, premier évêque, ce qui est confirmé par l'auteur d'un livre intitulé : *Gesta Pontificum et Comitum Angolismensium*, et par le religieux Aimar, en divers sermons manuscrits.

La Guienne donc se trouvant redevable à saint Martial d'avoir reçu la foi par sa prédication, lui a été toujours fort dévote ; et, comme elle l'a reconnu pour son premier apôtre, elle l'a tenu pour son patron particulier. C'est ainsi que l'appela le duc Guillaume, parlant aux évêques assemblés au concile de Poitiers, quelques années avant celui de Limoges, et le pape Clément VI, en la bulle dont nous avons déjà fait mention plusieurs fois, en ces mots : *In partibus Aquitaniæ cujus incolarum patrocinator apud Deum specialis existit*. Pour ce sujet, les archevêques, évêques et autres prélats, avec les ducs, seigneurs et tiers-état de la Guienne, ont toujours eu recours dans leurs nécessités à ce saint, et lui ont témoigné grande dévotion, comme nous verrons aux discours suivants, où nous parlerons des translations, ès-quelles la Guienne avait telle part, que je trouve dans un ancien manuscrit que le corps de saint Martial ne pouvait être remué et transporté sans le consentement de toute la Guienne, tant ils s'intéressaient à voir et connaître ce qui concernait l'Apôtre commun. Pour la même occasion, on a bâti grande quantité d'églises en son nom en divers diocèses de la Guienne, dont il serait ennuyeux de faire le dénombrement. Je me réduis à quelques-unes contenues en la bulle d'Urbain II de l'an 1097; de Saint-Martial de Chales en Saintonge, de Ruffec, de Dunet en Berry, de Montmorillon en Poitou, de Rieupeyroux en Rouergue, de Paulnac en Périgord, de Saint-Martial de Moulton en Angoumois, qui sont dépendantes de l'abbé ou chapitre. Joignons à cela les donations faites à Saint-Martial aux mêmes diocèses et en ceux de Bordeaux, Clermont et autres, qui font une forte preuve de la dévotion qu'on avait à ce saint.

C'était aussi la coutume ancienne des peuples de Guienne de venir à Limoges à la grande fête de saint Martial, comme je collige de ce qui est remarqué par le moine Geoffroy, racontant les différends d'entre Henri-le-Vieux, roi d'Angleterre, et son fils Henri-le-Jeune, duc de Guienne, environ l'an 1179. Thibaud (dit-il), abbé de Cluny, et Pierre, abbé de Saint-Martin, firent la solennité avec le roi Henri-le-Jeune; pour les peuples de la Guienne, ils n'y purent assister selon leur désir, l'ennemi ou l'armée les empéchant. Ces dévotions regardaient en partie les secours de la vie présente, mais on faisait grand état d'être aidé au repos de l'âme par les prières du même saint, ce qui porta plusieurs prélats, seigneurs et autres, de faire des fondations dans l'église de Saint-Martial, comme on peut voir dans les livres et titres des Anniversaires ; et, par le même motif, plusieurs désiraient être ensevelis près du sépulcre ou de l'église de Saint-Martial, ce que je remarque particulièrement de ceux de la très noble et très ancienne maison de Rochechouart en Poitou, qui avaient leurs tombeaux de marbre derrière la chapelle de Saint-Pierre, ainsi qu'il se voit en l'obituaire du 13 des calendes de mars, où il est fait mention d'Aimery, vic.te de Rochechouart, seigneur de Mortemart, qui par zèle de dévotion donna à St-Martial vingt-cinq livres de rente sur la terre de Saint-Victurnien, et fonda une vicairie en ladite église.

Voyons maintenant comme quoi les Limousins ont honoré saint Martial entre les autres peuples de Guienne.

## CHAPITRE XI.

**De la Dévotion du Limousin envers saint Martial.**

L'*Ecclésiastique,* au chapitre 7, enchérit par-dessus le commandement que Dieu a fait aux enfants d'honorer leurs pères, recommandant à chacun de les honorer de tout son cœur, *In toto corde tuo honora patrem tuum,* ce qui s'entend des pères spirituels aussi bien que des naturels, et doit être pratiqué principalement lorsque les pères obligent leurs fils par tous les effets d'affection qu'ils leur peuvent témoigner. Suivant cette doctrine, les Limousins reconnaissant que saint Martial a pris un soin particulier de les instruire en la connaissance de Dieu, qu'il les a retirés de l'enfer pour les mettre dans le chemin du ciel, qu'il les a engendrés en Jésus-Christ, qu'il a établi son siége et son séjour ordinaire à Limoges, pour être plus près d'eux et leur départir ses plus singulières faveurs, qu'il a guéri leurs malades et ressuscité leurs morts, qu'il les a recommandés spécialement à Dieu sur la fin de ses jours, qu'il leur a déposé son corps, et que son âme bienheureuse leur a toujours procuré les grâces et les bénédictions du ciel, ils ont toute sorte de sujet de l'honorer en qualité de père, et de l'honorer de tout leur cœur.

Pour s'acquitter de cette obligation, on célèbre quatre fêtes de saint Martial dans le diocèse : l'une, appelée de l'Apparition, le 16 de juin, lorsque Notre-Seigneur lui révéla le jour de sa mort, et l'invita à recevoir dans la béatitude la récompense de ses travaux ; la seconde est du jour de son décès, le dernier de juin ; la troisième et la quatrième se font les 10 d'octobre et 12 de novembre, pour mémoire des deux Translations de son corps, dont nous parlerons ci-après. Je trouve aussi qu'anciennement on faisait en l'église cathédrale une autre fête le 4 d'août, qu'on appelait la Chaire de saint Martial, à l'imitation des fêtes qu'on nomme, l'une la Chaire de saint Pierre à Rome, et l'autre à Antioche, sur la croyance qu'on avait qu'à semblable jour saint Martial avait été reconnu évêque en l'église de Saint-Étienne, et qu'il avait commencé d'y assembler les premiers chrétiens de ce pays. Outre ces fêtes, ès-jours que l'on a coutume de faire des commémoraisons des Saints en l'office divin, on n'a jamais manqué en ce diocèse d'employer celle de saint Martial, tant pour l'invoquer, que pour l'honorer.

Je mets aussi parmi les preuves de la même dévotion des Limousins, quantité d'églises paroissiales et autres en divers endroits de cet évêché bâties en son honneur, plusieurs confréries érigées sous son nom, une infinité de donations et fondations faites en son église par nos évêques, doyens, chantres, archidiacres et chanoines, par divers abbés et autres ecclésiastiques constitués en dignité par les vicomtes de Limoges, par les seigneurs de marque et gentilshommes, par les officiers du roi et personnes du tiers-état de cette province ; donc, si je voulais faire un dénombrement, il faudrait (comme j'ai dit ailleurs) faire l'extrait des titres de l'abbaye de saint Martial, et copier le livre des obits de la même église. Les hommages de grand nombre de belles terres et notables fiefs doivent entrer en ce rang ; et c'est chose digne de remarque, qu'il y en a qui doivent être faits au chef de saint Martial, comme, entre autres, on dit de celui de la vicomté de Turenne.

Mais voici un témoignage fort ancien, bien exprès et authentique de la dévotion générale des Limousins à S. Martial dont nous avons la preuve dans les lettres de Sebrand-Chabot, évêque de Limoges, confirmées par Henri, archevêque de Bourges, et par Urbain III, dans sa bulle donnée à Ferrare, en date du 16 des calendes de novembre. C'est que le peuple de toutes les paroisses de ce diocèse venait une fois l'an, avec croix et bannières, en l'église cathédrale, siège apostolique de saint Martial, et allait de là en dévotion à l'église collégiale du même saint. Et ce même pape, homologuant ce qui avait été ordonné sur ce sujet par Pierre, cardinal-légat en France du temps d'Alexandre III, veut que l'évêque de Limoges enjoigne, à peine d'interdit, à ses diocésains, d'observer cette ancienne coutume, s'ils n'ont empêchement légitime. Il est dit ès-mêmes lettres que cela se pratiquait ainsi depuis le siècle de saint Martial, pour faire voir quelle dévotion les Limousins avaient toujours eue à leur saint Apôtre et Patron.

Je crois que les guerres des Anglais qui affligèrent et désolèrent cette province durant plus de deux cents ans, ont interrompu cette dévotion, qui n'a été aucunement rétablie dans les ostensions du chef de saint Martial, pendant lesquelles il n'y a guère aucun des fidèles de ce diocèse, tant de l'un que de l'autre sexe, qui ne vienne à Limoges pour révérer ce sacré dépôt, et implorer l'assistance de ce grand saint.

## CHAPITRE XII.

### De la dévotion de Limoges envers saint Martial.

J'avais cru qu'il n'était pas besoin de faire un chapitre à part de la dévotion de Limoges à saint Martial, n'y ayant rien de plus notoire, évident et manifeste ; mais j'ai depuis pensé qu'il serait à propos de savoir les honneurs que ceux qui nous ont précédés ont rendus à ce saint, pour suivre leur exemple et pour en informer la postérité et les étrangers, si ce livre vient à leur connaissance. Nous avons déjà touché ci-dessus plusieurs particularités qui servent à ce dessein, nommément aux chapitre 2 et 3. Et, dans ce qui nous reste à traiter, on verra plusieurs preuves signalées de cette dévotion.

Pour le présent, je remarque en premier lieu, dans l'état ecclésiastique, l'hommage et reconnaissance que fit, au concile de Limoges, l'an 1031, Jordain, un de nos évêques, rendant grâces à Jésus-Christ notre Sauveur, et bénissant Dieu de ce qu'il avait voulu décorer et ennoblir l'église cathédrale de l'épiscopat de saint Martial. On ne peut douter que les prédécesseurs et successeurs dudit Jordain n'aient toujours eu grands sentiments de piété, et estimé à grand honneur de tenir la place de ce grand saint. Pour ce sujet, ils se sont trouvés en l'église dédiée en son nom, toutes les fois qu'on y a fait des ostensions ou autres cérémonies et solemnités pour invoquer ou honorer saint Martial, comme nous avons vu de notre temps pratiquer par feus Messeigneurs de La Martonie, oncle et neveu, et par Monseigneur de La Fayette, à présent évêque.

Cette même considération a donné sujet d'indire les processions générales, ordinaires et extraordinaires de l'église cathédrale, siége apostolique de saint Martial en la collégiale où ses reliques sont conservées ; et, outre les fêtes et commémorations communes au diocèse, dans la même église cathédrale on fait station les dimanches devant la chapelle de saint Martial, qui est fondée au lieu où par tradition l'on croit que sainte Valérie porta sa tête après avoir été décollée, et, tous les mercredis, quelque fête qui soit concurrente, avant la messe on chante une antienne, verset, répons et oraison, du même saint. Nous apprenons aussi du moine Geoffroy, en sa Chronique, qu'anciennement nos chanoines allaient à Saint-Martial la veille et le jour de la fête dudit saint, pour y dire matines et la grand'messe, ce qui n'a été discontinué qu'au siècle dernier. Il ajoute que c'était une coutume de près de six cents ans, selon son compte, de visiter, le jour de Noël, après la messe du point du jour, le sépulcre pour y faire des prières, et qu'au jour des Rameaux on faisait une station à Saint-Martial après avoir été au cimetière de Saint-Paul et à Saint-Martin.

Pour l'église collégiale, on n'aura point de peine à croire ce que nous en dirons, puisque les anciens clercs, depuis religieux, et enfin chanoines sécularisés y ont été institués pour célébrer les louanges de Dieu perpétuellement, sous l'invocation de saint Martial. C'est pourquoi il n'y a jour de l'année qu'ils ne fassent station devant le sépulcre à matines, aux processions ou après complies. Certains jours des séries, on dit la grand'messe du même saint au grand autel. Le chapitre entretient trois chandelles continuellement ardentes devant le chef, à la main droite ; l'abbé, six devant la châsse qui est au sépulcre, avec une messe haute à diacre et sous-diacre tous les jours, outre plusieurs autres votives que l'on y célèbre, ce qui comprend toutes les principales dévotions ordonnées de l'Église.

La Congrégation des ecclésiastiques appelée de Saint-Martial, doit entrer en rang après l'église cathédrale et collégiale, étant composée de l'une et de l'autre, et des prêtres des paroisses de la ville et Cité ; des exercices de laquelle je me remets à ce qu'en a écrit le R. P. Etienne Pétiot, en la *Vie de vénérable Monsieur Bernard Bardon*, qui en a été le principal auteur et fondateur, singulièrement dévot à saint Martial ; ce que j'ai reconnu, conversant avec lui, et appris de plusieurs autres qui l'avaient plus longtemps fréquenté.

Il y a d'autres dévotions qui approchent de celles du clergé, comme les Confréries dont l'office est fait par les ecclésiastiques, où ils entrent comme membres dans la composition d'un sacré corps. Celle qu'on a nommée la Grande-Confrérie, depuis son institution mérite le premier rang, pour son antiquité, pour la multitude des confrères, pour le bon ordre et police qui s'y sont observés, pour divers actes de piété et charité, et pour avoir rendu toutes sortes de preuves de dévotion à son saint tutélaire. Les statuts en furent confirmés par messire Raymond de La Martonie, évêque de Limoges, le 20 mars 1624, avec beaucoup d'éloges, que l'on peut voir en l'imprimé de la même année. A quoi j'ajouterai qu'il paraît, par les anciens titres de cette Confrérie, qu'elle était de longtemps avant l'an 1356 ; qu'il y avait eu des interruptions à cause des grandes guerres et mortalités ; qu'on la rétablit en ladite année pour témoigner une dévotion spéciale à Dieu et à saint Martial, particulièrement pour faire cesser les calamités inouïes et exécrables, les pestes et divisions dans le royaume, par les mérites du même saint ; qu'elle eut si grand progrès, que non seulement les habitants de Limoges y étaient enrôlés en très grand nombre, hommes et femmes, mais que la noblesse du diocèse y était associée, comme la dame de Saint-Germain, veuve de

Guillaume Fouleaud, l'an 1368; Antoinette de Bonneval, la dame et enfants de Veyrat, de Leichoisier et de Cramaud, outre ceux des villes et bourgades de la province, d'un sénéchal de Périgueux, des marchands et bourgeois de Lyon, même des cantons des Suisses; qu'elle fournissait quantité de luminaire en torches et flambeaux aux ostensions, processions et fêtes, devant le grand autel et sépulcre de saint Martial; ce qui est réduit, à présent, à douze chandelles, que l'on met en douze bassins à part devant le chef, et qui sont allumées ès-jours solennels durant l'office. Il y a encore deux confréries, l'une du Sépulcre, l'autre des Treize-Chandelles, dont je ne puis rien dire de particulier, ni pour leur institution, ni pour leurs statuts, n'en ayant rien pu voir.

Quant au tiers-état, on ne saurait exprimer le respect et révérence qu'on a rendu à saint Martial, et la confiance qu'on a prise en son secours. La ville, appelée anciennement le Château, a pour armes une image de saint Martial à demi-corps, avec trois fleurs de lis en chef. Les consuls, après avoir été créés, vont à Saint-Martial devant le chef, et au sépulcre, le 7 de décembre, sur le soir, et le lendemain, jour de la Conception de

Notre-Dame, ils y retournent entendre la messe. Ils entretiennent trois chandelles ardentes nuit et jour devant le chef du même saint, à la main gauche. Au surplus, ils s'intéressent tellement pour le public en la garde de ce sacré chef, qu'ils en ont des clefs, et ne peut-on faire ouverture ni clôture de la châsse où il est conservé, qu'en leur présence; ce qui a quelque fondement en l'antiquité, sur le rapport même du moine Geoffroy, comme nous pourrons faire voir en quelque autre occasion. Je serais par trop long si je voulais déduire une infinité d'autres marques de la dévotion de Limoges au même saint, et je fais la conclusion de ce chapitre en disant qu'avant la naissance, après l'enfantement, durant toutes les différences des âges, à la mort et après, on implore toujours l'assistance de saint Martial. Les femmes enceintes s'adressent à lui pour leur délivrance; on porte au sépulcre les enfants auxquels on ne reconnaît point d'indices de vie; on l'invoque dans les calamités publiques, dans les guerres, famines, stérilités, pluies extraordinaires ou trop grandes sècheresses, et dans les afflictions particulières. On demande à Dieu la guérison par son moyen, surtout pour les fièvres, pustules et feu volage ; ceux qui partent de Limoges pour de longs voyages prennent congé de lui ; étant de retour, ils le vont remercier pour avoir été préservés ; les moribonds se recommandent à lui, particulièrement dans leurs testaments et dans leurs prières ; les corps des notables sont portés dans son église après leur décès ; on emploie ses suffrages pour le repos des âmes. Ainsi, en quelque état ou condition qu'on se trouve, à Limoges, on a continuellement recours à saint Martial, comme père, patron et protecteur.

## CHAPITRE XIII.

### De la première Translation du corps de saint Martial.

Après avoir fait voir, aux chapitres précédents, les dévotions de plusieurs conditions de personnes et différentes nations, il nous reste à parler de quelques occasions célèbres et solennelles où saint Martial a été extraordinairement invoqué et glorifié, comme ès-translations, ostensions et processions. Nous commencerons par l'histoire de la première translation de son sacré corps, selon qu'elle est rapportée succinctement et simplement dans un livre manuscrit de notre église, qui est de plus de six cents ans, en ces termes traduits du latin :

Du temps de Louis, empereur des Romains et roi de France, du pape Grégoire IV, l'an de l'incarnation de Notre-Seigneur 833, l'indiction onzième courant, on fit la première translation du corps de saint Martial, premier évêque de Limoges. L'église de Saint-Sauveur fut, pour lors, rebâtie à neuf, afin que le corps de saint Martial y fût visité avec plus grande commodité et vénération, d'autant que le lieu de son sépulcre était trop étroit. L'on y porta plusieurs autres corps des saints de France. Le troisième jour après, l'église de Saint-Sauveur fut sacrée ; et tout cela fut fait en présence de l'empereur et roi Louis, de plusieurs évêques, princes et grands seigneurs de France et de l'empire, et de grande quantité de peuple de Guienne ; durant lequel temps l'empereur fit quelque séjour au palais de Jogenciac. Dieu, néanmoins, ne voulut pas que le corps de ce saint fût tenu longtemps dans cette église, et le fit connaître par de grandes inondations, qui continuèrent jusques à ce que ce corps fût remis par les évêques en son premier lieu, ce qui fut fait avec grand honneur et appareil. Plusieurs miracles de guérisons et autres furent faits successivement par les mérites du même saint.

Cette narration se trouve conforme à un procès-verbal de l'an 1385, fait par Aimery, évêque de Limoges, où il déclare avoir vu un livre des chroniques de la même abbaye, faisant mention d'une donation de l'empereur et roi Louis, lorsque la translation des reliques de saint Martial fut faite, cotant la même année et indiction, et ces mots y sont insérés : *Hæc prima translatio facta est, quando basilica Sancti-Salvatoris primum à novo fabricata est, propter corpus ejusdem Antistitis, ut ibi translatum deinceps majori honore frequentaretur.*

Il y a d'autres circonstances de ce discours qui se peuvent confirmer par ce qui se lit dans la *Vie de Louis-le-Débonnaire*, de l'édition d'Allemagne, et de celle du sieur Duchesne, ce que je réserve à une autre occasion, pour un point d'histoire et de chronologie.

J'ai vu aussi plusieurs sermons manuscrits qui présupposent les mêmes faits comme véritables, et ajoutent que le pays de Guienne eut une joie indicible de voir, à cette première fois, les reliques de ce grand saint; qu'il y vint quantité d'évêques et d'ecclésiastiques de France; que ce jour fut signalé par plusieurs miracles; que la paix fut affermie; que les divisions de la Guienne cessèrent; que le clergé fut délivré et affranchi de la servitude de ceux qui l'opprimaient avec injustice et tyrannie. L'auteur d'un de ces sermons déduit plus particulièrement quelques raisons pour lesquelles ce saint corps fut transféré dans l'église de Saint-Sauveur, et rapporté dans le sépulcre; et voici, par traduction entière et fidèle, ce qu'il en dit:

Cette église royale fut commencée et achevée avec grand soin, afin qu'étant plus grande et spacieuse, il y eût plus de commodité et de liberté pour les personnes dévotes à saint Martial. Nous croyons que la providence de Dieu l'a ainsi inspiré et ordonné; et d'autant que le lieu du sépulcre étant trop étroit pour la disposition convenable de deux chœurs, l'on bâtit une église qui fut dédiée, non pas au nom particulier de quelqu'un des grands saints ou des archanges, mais spécialement au nom et à l'honneur du Seigneur des anges et des saints, en laquelle il y eut un sépulcre nouveau pour l'Apôtre, et afin qu'il fût là glorifié à la vue de tous ceux qui s'y pourraient rencontrer. Depuis, Dieu fit connaître qu'il voulait que le corps du saint fût rapporté au sépulcre qu'il avait choisi pendant sa vie, et que le temple de Jésus-Christ, qui est la sapience divine, étant achevé, demeurât avec un culte magnifique. La consécration en fut faite avec grand'joie et solennité le 13 d'octobre, trois jours après la première inhumation du corps, par les évêques de Guienne, et en présence de grande quantité de peuple. Il arriva donc, par la disposition de Dieu, que le corps de saint Martial, qui avait été porté dans cette église neuve, fut, quelque temps après, rapporté en son premier lieu; ce qui fit juger que les desseins de Dieu sont fort éloignés des pensées des hommes. Le sépulcre étant privé de son plus riche trésor, les éléments commencèrent à se troubler et irriter, pour punir la présomption de ceux qui semblaient n'avoir rien fait qu'avec grande considération et par des motifs de piété. Le royaume de France fut en même temps agité de séditions; la peste passa presque par toutes les provinces des

Gaules ; il y eut des signes en l'air, des éclairs et des feux, et surtout des inondations qui couvraient presque toute la terre en divers endroits de Guienne ; ce qui fut suivi d'une grande famine ; et, comme l'on faisait des prières à Dieu en toutes les églises de Guienne pour détourner ces fléaux, plusieurs personnes dignes de foi eurent révélation du sujet pour lequel cela était arrivé, et du moyen de le faire cesser.

Le clergé de Limoges, étant bien et dûment informé de la volonté de Dieu, après avoir convoqué une autre assemblée générale des Églises, remit entièrement le très précieux corps de saint Martial en son ancien sépulcre ; et tout aussitôt on ressentit la miséricorde de Dieu, au lieu de sa justice. Saint Grégoire de Tours, en son livre de la *Vie des Saints-Pères*, chapitre 4, dit quelque chose de semblable de saint Amant, qui témoigna n'avoir pas agréable que son corps fût tiré de son sépulcre pour être porté en une plus grande église que saint Quintian, évêque de Clermont, avait fait bâtir en son honneur, conformément à plusieurs autres relations des saints, dont nous avons des auteurs irréprochables.

## CHAPITRE XIV.

### De la seconde et troisième Translation du Corps de saint Martial.

Le corps de saint Martial, étant remis en son sépulcre, on avait résolu de n'y toucher plus ; mais il se présenta une occasion pour laquelle on crut être obligé de le transporter ailleurs. Nous l'apprenons d'un ancien sermon manuscrit, où il est dit qu'après la mort de l'empereur Louis, les païens venant du Septentrion entrèrent peu à peu dans la Guienne ; qu'ils s'y fortifièrent tellement et accrurent en si grand nombre, qu'on eut opinion que cette province demeurerait déserte ; ce qui fut cause que le peuple dévot de Limoges tomba en appréhension de perdre le corps de leur patron, si, se retirant, il le laissait à la merci d'une si méchante nation. C'est pourquoi ils se réfugièrent souvent, avec ce sacré trésor, aux lieux et châteaux plus forts, et assurés par leur assiette, entre autres à Turenne, qui semblait tout à fait imprenable. Là-dessus, l'auteur prend sujet de s'écrier : O le bon et pieux peuple, qui, abandonnant tout son bien, gardait pour tous moyens le seul corps de saint Martial !

C'est tout ce que j'ai trouvé de cette translation, que le même auteur appelle la seconde, après laquelle il passe au discours de la troisième, dont voici la traduction du latin en français :

Les habitants de Limoges entreprirent, d'un commun consentement, de transporter le corps de saint Martial, après ces premières translations, en des lieux forts, sur la crainte qu'ils eurent des païens, qui se jetaient encore dans leur pays ; ce que Dieu témoigna n'avoir pas agréable. Ils furent à Solignac et s'y arrêtèrent pour loger ; mais comme ils voulurent passer outre, il leur fut impossible de remuer ces reliques, ni de les rapporter à Limoges durant deux ans, qu'elles demeurèrent fixes et immobiles. Enfin, les évêques de Guienne étant assemblés pour savoir la cause pour laquelle saint Martial ne voulait pas être remis en son sépulcre ; après un jeûne de trois jours indit pour ce sujet, il y eut révélation que Dieu était plus offensé qu'apaisé par ces transports, et que le saint ne voulait pas que son corps fût rapporté en son premier lieu, jusques à ce que ceux qui le gardaient changeassent de vie, de mœurs et d'habit; ce qu'ils promirent avec serment, pourvu qu'il plût à Dieu que leur patron fût remis en son sépulcre, et cela arriva selon leur souhait.

Plusieurs des plus grands qui avaient présumé de retenir par force ce trésor chez eux, y ayant été déposé ou logé, moururent dans un jour, frappés par un ange; les murailles très fortes de ce lieu furent incontinent abattues jusques à fleur de terre; ce qui donna moyen au peuple dévot qui était au dehors d'entrer sans empêchement de personne, de rapporter à Limoges, avec cantiques de joie, et de remettre en son premier lieu ce sacré trésor, dont ils rendirent actions de grâces à Dieu; et fut ordonné que l'on célèbrerait la mémoire de cette translation au même jour que la première, le 10 d'octobre.

Quelque temps après, les principaux de cette église étant fort réjouis de la présence de leur saint tutélaire, se ressouvenant de leur promesse, prirent l'habit de religieux, et portèrent les autres à leur exemple, en réformant l'intérieur de se rendre conformes à l'extérieur. Ils commencèrent à renoncer à toute propriété et tenir tout en commun, quelques efforts que pût faire Satan pour empêcher et traverser l'exécution de ce que Dieu leur avait inspiré, et nonobstant les contradictions d'une grande partie des seigneurs séculiers, qui tâchèrent de tout leur pouvoir de renverser les commencements de cette bonne œuvre.

Le discours de ces deux translations contient des circonstances qu'il faudrait expliquer plus particulièrement par l'Histoire de France, de Guienne et de ce pays, ce que nous réservons à une autre occasion, nous contentant à présent de dire que les païens, dont il est parlé ci-dessus, sont les Normands, qui se jetèrent dans ce royaume à diverses fois, jusques à ce qu'on leur eût laissé le pays auquel ils donnèrent le nom de Normandie.

## CHAPITRE XV.

### De la quatrième Translation du Corps de saint Martial.

L'*Ecclésiastique*, parlant de Simon, fils d'Onias, au chapitre 50, dit qu'il a guéri sa nation, et qu'il l'a délivrée de la perdition. Nous allons voir comme quoi il y a autant de sujet d'appliquer ces paroles au grand Apôtre de la Guienne, saint Martial, sur l'occasion de la quatrième translation de son corps, dont un auteur du temps a dressé l'histoire en latin, que je représenterai fidèlement en français.

Après la première translation ou élévation des reliques de saint Martial, il y en a une autre, fort célèbre en Guienne, qui a été faite nouvellement, la solennité de laquelle je déduirai avec d'autant plus d'assurance, qu'il n'y peut avoir le moindre ombrage de supposition, y ayant presque de toutes sortes de personnes vivantes encore, qui sont témoins oculaires de ce que je veux écrire.

Jésus-Christ donc régnant éternellement, les églises de la province de Guienne étaient favorisées de leur époux bien-aimé, et jouissaient de leurs immunités ; chaque évêque présidait en son siége, les noms desquels, parce qu'ils sont connus et qu'ils vivent encore, je ne mets pas en cette narration. Mais Dieu, pour relever son peuple à ce qui était plus propre à leur salut, pour empêcher que la prospérité ne les détournât pas de son service, pour glorifier le patron qu'il leur avait donné, et leur déclarer en terre de quel mérite il était dans le ciel, voulut mêler les fléaux de sa colère avec les effets de sa clémence.

L'Église était en repos, et l'état temporel en trouble, la monarchie étant tombée entre les mains d'un roi qu'on n'espérait pas ; ce qui causa beaucoup de confusion, chacun faisant ce que bon lui semblait, et provoquant l'indignation de Dieu, qui avertit les hommes de leur devoir par des peines salutaires, et se fait reconnaître de temps en temps aussi bien roi de justice que de miséricorde. D'ailleurs, les peuples ne rendaient pas à saint Martial les honneurs qu'ils avaient accoutumé : si bien qu'étant destitués de son intercession, la vengeance de Dieu, ne trouvant rien qui l'empêchât de punir les hommes, fit descendre sur la terre un feu très ardent et ensoufré, qui donna un sujet extraordinaire d'étonnement à tout le monde.

Les corps vivants en étant frappés étaient consumés jusques à mourir. Les uns se sentaient pris aux pieds, les autres aux mains, et de ces extrémités le mal gagnait le cœur : petits et grands, jeunes et vieux, hommes et femmes étaient infestés de cette peste, et l'acrimonie en était telle, que l'on aimait mieux mourir que vivre. Dans l'excès de ces douleurs, on s'essayait quelquefois de trouver du soulagement, en jetant de l'eau sur les parties affectées pour les rafraîchir, et on voyait incontinent qu'il s'en élevait une vapeur avec des puanteurs insupportables. La force du mal pressait en telle sorte, que les uns demandaient que l'on leur coupât les cuisses, les autres les bras, et avec cela ils n'évitaient pas la mort. Les plaintes et les cris s'entendaient de tous côtés, de nuit et de jour. On ne saurait dire combien de milliers de personnes en moururent. En un mot, cette mortalité surpassa toutes celles qu'on avait vues, ou dont on avait ouï parler.

On cherchait quelque allégement, et il ne s'en trouvait point, au contraire, le mal se rendait plus violent. On ne voyait partout que maladie, que frayeur, que désolation et mortalité. On vint principalement à Limoges pour y trouver remède par l'intercession de saint Martial ; plusieurs y furent guéris, les autres, n'en pouvant plus, y rendaient l'esprit, quelques-uns y étaient nourris des aumônes de l'Église.

Les principaux de la Guienne, entrant en appréhension qu'il leur arrivât la même chose qu'aux autres du commun, pensèrent à ce qu'on pourrait faire sur ce rencontre. C'est pourquoi les prélats s'assemblèrent avec les prélats, les plus sages avec les plus sages, les prudents avec les prudents, et jugèrent que c'était une punition de Dieu sur le peuple ; que l'Apôtre seul la pouvait détourner ; que saint Martial seul était égal à Moïse ; que le seul saint Martial pouvait faire la paix et réconciliation entre Dieu et les hommes ; que le seul saint Martial se pouvait présenter devant l'auteur de vie comme un mur ou rempart pour le peuple.

On désigna cependant un certain jour, auquel on relèverait de terre les reliques de ce saint pour être montrées à tous ceux qui s'y trouveraient. Toute la Guienne accourut pour voir son patron ; ceux de Berri, d'Auvergne, de Languedoc, de Poitou, de Gascogne, de Touraine, y vinrent, comme à une fontaine de vie, en multitude innombrable, pleins d'espérance d'être guéris. Tous les prélats, tant de près que de loin, s'assemblèrent en la ville, et, avec les évêques et grands seigneurs, on vit éclater plusieurs saints martyrs, confesseurs et vierges. L'on indiqua en même temps trois jours de jeûne, d'abstinence et pénitence, afin qu'il se trouvât des personnes qui fussent dignes de porter les reliques de ce grand saint.

L'évêque de Limoges se préparait dévotement à ce grand ouvrage, avec quelques religieux fort craignant Dieu. La nuit commençant, ils s'employèrent à ce qu'ils avaient entrepris ; on chanta l'office avec révérence et dévotion extraordinaire, et la messe suivante environ quatre heures devant minuit. Cependant, survenu était le peuple en telle quantité, qu'il n'y avait aucun lieu vide deux lieues aux environs ; la terre était éclairée de tant de lumières, qu'il semblait qu'elle avait plus d'astres que le ciel. Tout l'office étant parachevé, l'évêque présente des outils à ses assistants pour ouvrir la terre, et les voyant saisis d'une crainte si respectueuse qu'ils semblaient être ravis et n'y osaient toucher, il leur dit : Courage ! quittons cette crainte servile, et, nous confiant en l'amour de Dieu, accomplissons sa volonté. Après avoir creusé profondément, ils trouvèrent trois tombeaux l'un dans l'autre. Le premier était d'une pierre semblable au marbre de l'île de Marmora, le second de vrai marbre, le troisième de plomb; et, comme on eut levé ce trésor incomparable tout entier enveloppé d'un drap de soie, on sentit aussitôt l'exhalaison d'une odeur si douce, qu'elle surpassait toutes les senteurs aromatiques.

Durant que l'on touchait dans le sépulcre ces précieuses reliques, ceux qui étaient dehors furent surpris en même temps d'une telle frayeur, qu'ils en étaient comme morts, et sembla à ceux qui étaient dans la grande église que la terre tremblait, et qu'il y avait une agitation comme si, parmi des éclairs, un grand vent secouant les plus hautes branches des chênes les faisait plier en terre de toutes parts. Le texte des Évangiles, couvert d'argent, avec le bois de la Croix, se baissa par trois fois du côté du sépulcre, les autres croix et bannières de l'église se tournèrent en même sorte; ce qui fit juger que la vertu divine agissait pour lors plus efficacement ce lieu, et que les anges y étaient venus au service de leur maître. Que si quelqu'un doute de cette vérité, qu'il s'informe de plusieurs personnes dignes de foi et des plus qualifiées qui vivent encore, et qui en ont connaissance. Peu après, au lieu de l'appréhension, on se trouva dans une grande assurance : la milice des cieux étant présente, les puissances contraires furent chassées ; la vie arrivant, les maladies pestilentielles disparurent, et la santé revenant, les incommodités cessèrent. Un démoniaque, qui se débattait dans l'église, du côté du nord, commença à crier horriblement, et le diable fut contraint d'abandonner son corps.

Enfin, ce trésor sacré étant mis dans une châsse d'or, les moines le portèrent sur leurs épaules, du sépulcre en l'église de Saint-Sauveur.

Incontinent après, les feux qui brûlaient les corps furent éteints, et tous les malades guéris. Par ce moyen, la tristesse fut changée en joie, le deuil en réjouissance, les ennuis en consolation, les douleurs en plaisirs. Le saint corps demeura tout le jour sur le grand autel, et, la nuit survenant, tout le clergé prêta ses épaules pour porter leur maître au-dehors, afin qu'il fût vu de tout le monde. Car, quoique l'église de St-Sauveur soit fort grande, néanmoins elle se trouva fort étroite pour la quantité de peuple qui s'y jetait. Il fut donc porté en un lieu éloigné d'environ un stade, c'est-à-dire cent vingt-cinq pas ou six cent vingt-cinq pieds géométriques, afin que l'on y pût placer les corps des autres saints qu'on y avait apportés de divers lieux, et que tout le peuple pût faire ses dévotions avec plus de commodité. On voyait le corps de saint Martial élevé au-dessus des autres, qu'on avait posés en diverses tentes à l'entour, comme s'ils eussent fait la cour à leur roi.

Tous les évêques de Guienne demandèrent très dévotement l'assistance de ce grand saint. Ils firent un traité ou concile des matières saintes ; ils pourvurent à ce que la vraie foi fût conservée inviolablement. Ils avertirent les peuples des choses concernant leur salut ; ils les instruisirent aux vertus, et les dissuadèrent des vices contraires. Les grands seigneurs et officiers firent aussi protestation d'observer la justice.

Quelques jours après, les peuples reçurent la bénédiction épiscopale, célébrant cette solennité avec grande réjouissance. Les reliques des saints, qui avaient fait plusieurs miracles en même temps, furent rapportées honorablement en leurs églises, et chacun s'en retourna en son pays avec une extrême satisfaction. Les seigneurs de marque, qui étaient venus en grand nombre, louèrent et bénirent notre Sauveur Jésus-Christ. Les évêques, s'entredonnant le baiser de paix, demeurèrent unis en parfaite charité; et ce qui était arrivé à Limoges fut su non seulement dans la France, mais aussi dans l'Italie, dans l'Espagne et autres pays étrangers.

Le trésor sacré du corps de saint Martial fut enfin remis dans le sépulcre, et il ne resta rien en l'église de Saint-Sauveur que la châsse d'or où il fut tenu durant la translation, et les draps ou linges dont on s'était servi pour l'envelopper. Pour conserver la mémoire de cette translation solennelle, qui dura quarante jours, et fut faite l'an 994, l'indiction septième courant, on bâtit une église au nom de saint Martial, au lieu même que le saint corps fut porté, qui fut appelé *Mons gaudii*, vulgairement Montjauvi, pour marque de la joie universelle qu'on avait reçue dans cette occasion, par les mérites et intercessions de ce grand serviteur de Dieu.

## CHAPITRE XVI.

**De quelques autres particularités et circonstances de la quatrième Translation du corps de saint Martial.**

M'étant obligé au chapitre précédent de rapporter fidèlement la narration ancienne de la quatrième translation, je ne l'ai pu abréger ; et, d'autant qu'il nous reste quelques remarques à déduire que j'ai trouvées ailleurs, pour ne pas lasser le lecteur, j'ai cru qu'il serait à propos d'en faire un chapitre à part.

Je rencontre d'abord une particularité de cette translation, dans un vieux sermon manuscrit, où il est dit qu'avant que l'on portât le corps de saint Martial à Montjauvi, l'archevêque de Bordeaux était arrivé à Limoges ; et, qu'ayant fait sa prière devant saint Martial, se retirant après soleil couché en son logis, ne pouvant supporter les hurlements des ardents et la puanteur du feu

7.

qui exhalait de leurs corps, il se mit à soupirer et à pleurer, étendant les mains du côté du sépulcre de l'Apôtre, et le pria, pour la seconde fois, de secourir son peuple, et de ne permettre plus, près de son corps, ces peines qui ressemblaient à celles de l'enfer, l'appelant l'espérance des pauvres et la consolation des misérables. Il ajouta que la ville de Bordeaux avait reçu la foi de lui, et que sa verge ou bâton qui était gardé en la même ville comme un précieux trésor, avait fait cesser un grand embrasement, et partant le conjurait, par tous ses mérites envers Dieu, de guérir ces pauvres affligés. Sur le minuit en suivant, une infinité de personnes qui veillaient virent descendre du ciel une lumière brillante sur le sépulcre, qui dura près d'une heure et éclaira toute la ville, comme si on eût été en plein midi; tous les malades de Limoges furent incontinent guéris, en nombre de sept mille, hommes ou femmes. A la même heure l'archevêque de Bordeaux, reposant en son lit, eut cette vision dans un assoupissement profond : Un certain homme lui apparut avec un habit éclatant de lumière, qui, lui présentant un vaisseau plein d'eau, lui dit, de la part de saint Martial, qu'il en rafraîchit le peuple ardent et qu'il s'en porterait bien; étant éveillé, il jugea que Dieu lui faisait entendre par là qu'il versait la rosée de miséricorde sur son peuple, dont il vit la preuve lorsqu'il fut jour.

Il est rapporté au même discours qu'il se trouva à cette translation sept prélats, comme les anges des sept églises de l'Apocalypse, savoir: ceux de Bourges, de Bordeaux, de Saintes, de Clermont ou d'Auvergne, du Puy, de Périgueux et d'Angoulême; et que les supérieurs, principaux et notables de Guienne ordonnèrent dans leur concile que la foi catholique fût bien gardée; au surplus, qu'on conservât la paix et la justice; que les juges fissent droit sur les plaintes, et que les oppressions des pauvres, les rapines et les violences cessant, la paix et la tranquillité fussent entretenues à l'avenir au royaume de Guienne; que les infracteurs fussent exclus de l'entrée de l'église; qu'ils ne pussent recevoir le corps et le sang de Jésus-Christ; qu'ils demeurassent séparés de la fréquentation et conversation des fidèles, et notés d'infamie perpétuelle, jusqu'à ce qu'ils fussent réconciliés à l'Église par les évêques, après avoir fait pénitence et satisfaction.

L'auteur poursuit, disant : en ce concile, on proposa la bénédiction ou malédiction selon la loi de Dieu ; la bénédiction aux obéissants, la malédiction aux désobéissants. Les autres évêques des villes de Guienne arrivèrent lorsque l'assemblée fut achevée, approuvant ce qui avait été fait, et condamnant ce qui avait été condamné. Ils envoyèrent les décrets de ce concile au pape, qui les confirma et se réjouit fort de la paix de l'Église, et de ce qui s'était passé en cette translation.

Il y a un autre sermon ancien, fait peu de temps après ladite translation (l'auteur assurant qu'il y avait plusieurs évêques, ducs et seigneurs qui s'y étaient trouvés encore vivants) ; d'où nous apprenons qu'un an avant cette solennité, les évêques de Guienne et tout le peuple dirent souvent les litanies, donnèrent beaucoup d'aumônes et firent des pénitences volontaires pour être trouvés purs et nets, lorsque l'on rechercherait et transporterait ce sacré corps ; qu'au jour de cette translation, une grande quantité de princes, d'évêques et de peuple y vint de toute la Guienne ; que cette rencontre fut cause que les clercs et les laïs furent réunis ; qu'on pourvut à ce que le troupeau de Dieu ne fut plus déchiré par les morsures des loups; que les saints décrets furent observés selon leur teneur et ancienne vigueur; que la paix fut ordonnée, que la vérité fut reconnue; que la justice fut remise, et que la miséricorde fleurit. Et, de peur que ces ordonnances demeurassent sans effet, l'abbé de Saint-Martial alla à Rome pour en donner connaissance au pape, duquel il fut fort bien reçu, obtint ce qu'il lui demandait, et rapporta les décrets de ce concile confirmés et approuvés.

On voit dans le même discours que, pour honorer davantage saint Martial, l'on porta pour lors à Limoges les reliques des saints de divers endroits de la Guienne, même des plus éloignés; que les évêques désiraient grandement que cette translation se fît, afin qu'à l'avenir tous fussent assurés de la vérité de ces reliques qui avaient été gardées avec un soin fort exact; que tous ceux de Guienne reçurent une joie extrême de ce qu'on avait découvert ce trésor, et qu'avant que l'on séparât l'assemblée, il fut remis en son sépulcre, où, tous les jours, les faveurs du Ciel paraissent : les languissants y sont guéris, et il s'y fait plusieurs autres merveilles par les mérites de ce saint apôtre.

J'ai trouvé un autre sermon manuscrit où ce qui est dit ci-dessus du concile des évêques est confirmé. Il y a, de plus, que des malades, les uns s'en retournant chez eux avec santé, il en venait en plus grand nombre qui remplissaient la ville et le circuit d'icelle en dehors; que ceux qui étaient guéris ne pouvaient supporter le deuil, les cris et la puanteur des autres; que le chœur psalmodiant et portant les reliques de saint Martial, du sépulcre dans l'église de Saint-Sauveur qui est appelée royale, dans une châsse d'or, une multitude infinie des ardents fut entièrement guérie, et qu'ils criaient à haute voix : Béni soit le nom de notre sauveur Jésus-Christ, qui a été favorable à son peuple, par l'intercession de saint Martial !

Nous ne devons passer sous silence (continue cet auteur) que le vase du sépulcre où était le saint corps étant ouvert, on sentit une odeur si suave qu'elle semblait sortir du paradis; que, comme on mettait dans la châsse d'or les sacrées reliques, il arriva un grand tremblement de terre, en sorte que la grande église avec tout ce qui était dedans fut ébranlée; que le peuple fut saisi d'une telle terreur, qu'il ne croyait pas pouvoir échapper de la mort; qu'en même temps, ceux qui étaient tourmentés des démons furent délivrés ; que ce sacré corps fut porté dans la grande église, puis sur le soir, en cachette, à Montjauvi, où il reposa pendant quelques jours, et de là fut rapporté au sépulcre avant que le concile fût achevé. Les plus apparents évêques qui assistèrent à cette translation sont remarqués singulièrement dans le même discours par leurs noms, qui sont Dacbert et Gundebaud, archevêques ; Hilduin, Abbon, Grimoard, Étienne, Frotier et Gislebert, évêques. Mais, d'autant qu'ils ne se trouvent pas tous conformes aux Catalogues de la Gaule chrétienne du sieur Robert, nous en ferons ailleurs, Dieu aidant, une plus ample et plus exacte disquisition.

Pour les corps des saints qui furent portés de divers endroits, il est fait mention spéciale de celui de sainte Valérie, dans un ancien sermon sur le sujet de la fête, où il est dit que, comme on rangeait ses reliques dans une châsse couverte d'or et d'argent, à Chambon, pour les porter à Limoges, quatre ardents qui attendaient la santé dans l'église furent guéris, et que d'autres qui veillèrent près la même châsse, lorsqu'elle fut mise près celle de S. Martial à Limoges, reçurent pareil soulagement. Nous avons vu aussi dans les plus anciens bréviaires du diocèse comme quoi saint Léobon y fut porté en même temps du bourg de Salagnac, avec les miracles qui furent faits sur le chemin, particulièrement à La Jonchère; et les auteurs qui parlent des diverses translations de ces reliques, remarquent que celles des autres saints approchant du corps de saint Martial recevaient comme une nouvelle vertu.

## CHAPITRE XVII.

### De la cinquième, sixième et septième Translation du Corps de Saint Martial.

L'invention du chef de saint Jean-Baptiste au lieu d'Angely donna sujet à la cinquième translation du corps de saint Martial, de laquelle l'historien Aimar, que nous avons souvent cité, fait le narré comme de chose arrivée de son temps. La Guienne (dit-il) la France, l'Italie et l'Espagne avec le roi Robert et sa femme, le roi de Navarre, Sance, duc de Gasgogne, Eudes de Champagne et plusieurs autres comtes et grands seigneurs, évêques et abbés furent en dévotion à Angely ; et comme les chanoines et religieux y accouraient de tous côtés avec les reliques de leurs saints, on y porta celles de saint Martial et de saint Étienne de Limoges. En même temps qu'on eut tiré hors de l'église celles de saint Martial, qui étaient dans une châsse enrichie de pierres précieuses, les pluies qui avaient duré longtemps cessèrent et l'air devint serein, ce qui causa une très grande joie dans toute la Guienne. Gérald, évêque de Limoges, et Geoffroy, abbé de Saint-Martial, avec grand nombre de seigneurs et multitude de peuple portant ces reliques, prirent leur chemin par l'abbaye de Saint-Sauveur de Charroux, les religieux de laquelle, avec tout le peuple du lieu vinrent au-devant plus d'un quart de lieue, avec grand appareil, et, chantant des antiennes, les conduisirent jusqu'au grand autel de leur église, où la messe ayant été dite, ils les accompagnèrent en égale distance et avec les mêmes cérémonies. Étant arrivés à Saint-Jean-d'Angely, l'évêque Gérald y célébra la messe de la Nativité du précurseur de

Notre-Seigneur, quoique ce fut au mois d'octobre, les chanoines de Saint-Étienne et les religieux de Saint-Martial entonnant et chantant alternativement. La messe achevée, et l'évêque ayant béni le peuple avec le chef de saint Jean, ils s'en retournèrent le cinquième jour avant la fête de Toussaint, avec une extrême satisfaction et contentement des miracles que saint Martial avait faits pendant leur voyage. Cet auteur ne marque pas précisément le temps auquel cette translation fut faite, ce qui mérite une discussion particulière, ne pouvant demeurer d'accord de l'année 1025, à laquelle le cardinal Baronius rapporte l'invention du chef de saint Jean à Angely.

La sixième translation fut faite l'an 1028, au rapport du moine Geoffroy, en sa Chronique. Du temps (dit-il) du roi Robert, de Constantin, empereur des Grecs, et de Conrad, empereur des Romains, l'an 1028, la basilique, ou église royale de Saint-Sauveur fut consacrée le 15 des calendes de décembre, par onze prélats, dont voici les noms : Jordain, évêque de Limoges, Isembert, de Poitiers, Rohon, d'Angoulême, Arnaud, de Périgueux, Pierre, de Gironne, Dieudonné, de Cahors, Amel, d'Albi, Arnaud, de Rodez,

Foulques, de Carcassonne, Islo, de Saintes, et Geoffroy, archevêque de Bordeaux. Le corps de S. Martial fut élevé en même temps, près duquel on porta les reliques plus précieuses et remarquables des saints de Guienne, le duc y assistant avec celui de Gascogne, accompagnés des principaux seigneurs et de grand nombre de peuple. Huit jours après, le corps du saint apôtre fut rapporté dans son sépulcre. Quelques sermons anciens, composés sur ce sujet, confirment la même chose; et j'y trouve, de plus, que cette consécration ou dédicace fut faite, l'église de Saint-Sauveur ayant été rebâtie à neuf par les Limousins et remise en meilleur état, après avoir été brûlée deux fois. Là même, on trouve que l'on fit l'élévation du corps de saint Martial trois jours avant la dédicace, durant la nuit du vendredi au samedi, et que le dimanche en suivant, on porta de grand matin le corps du saint à Montjauvi processionnellement en chantant, où il fut gardé avec les autres reliques des saints (entre autres de saint Gérald d'Aurillac) qu'on avait apportées de divers endroits, jusqu'au jour de la dédicace. L'auteur d'un de ces discours témoigne avoir vu, en assistant la nuit que l'on veilla devant ce sacré corps et autres des saints à Montjauvi, descendre une lumière brillante par trois fois sur le même lieu, où les malades qui s'y trouvèrent furent guéris et quelques démoniaques délivrés devant les reliques de sainte Valérie, qu'on avait apportées de Chambon.

La septième translation est celle dont notre évêque Jordain fait le discours au concile de Limoges, l'an 1031. Répliquant à Aimon, archevêque de Bourges, et disant que la première année après la dédicace de Saint-Sauveur, du temps du roi Robert et de Gauslen, archevêque de Bourges, il y eut assemblée synodale des ecclésiastiques de ce diocèse en très grand nombre, avec plusieurs personnes doctes, où, après diverses contestations, on s'accorda le troisième jour de faire à l'avenir la fête de saint Martial comme d'un apôtre; en suite de quoi, le peuple s'étant assemblé avec affluence, on leva le sacré corps de saint Martial, lequel fut porté en très grande dévotion sur le saint autel qu'il avait consacré à l'honneur de saint Étienne. Il remarque que cela fut fait un jour de dimanche auquel tombait la fête de l'invention de saint Étienne et de la dédicace de l'église cathédrale; ce qui fut jugé convenable, afin que comme ce grand saint avait établi son siége en cette église et qu'il avait établi la source du baptême et de la prédication de l'Évangile durant sa vie, après sa mort il y fût reconnu pour apôtre et révéré en cette qualité. La messe fut célébrée sur ledit autel à l'honneur du même saint, et Jordain ordonna qu'en toutes les églises et monastères de son diocèse on en fît fête, non plus comme d'un confesseur, mais comme d'un apôtre.

Le même jour, l'office divin ayant été fait avec une grande solennité et réjouissance, le clergé et le peuple ayant fait traité de paix et d'union, on rapporta le corps du saint en son sépulcre. Les circonstances chronologiques de cette narration, du temps du roi Robert, de Gauslen, archevêque de Bourges, de la première année après la dédicace de Saint-Sauveur et de ce que le jour de l'invention de saint Étienne se rencontrait un dimanche, nous font juger infailliblement que cette translation fut faite l'an 1029. Le roi Robert et Gauslen vivant encore en ce temps-là, et la lettre dominicale E se trouvant concurrente en cette année avec le 3 août, jour de l'invention de saint Étienne.

Je n'ose pas assurer absolument qu'il y eut une autre translation solennelle du même corps de saint Martial l'an 1094. Néanmoins, le discours du moine Geoffroy, en sa Chronique, nous en fournit de fortes conjectures. L'an (dit-il) de l'incarnation de Notre-Seigneur 1094, les peuples de Guienne étant encore travaillés de la maladie du feu volage qui les brûlait et consumait avec des douleurs insupportables, ils s'adressèrent à saint Martial, leur patron, et en reçurent soulagement. On porta, environ la Nativité de Notre-Dame, les corps des autres saints du Limousin près de celui de l'apôtre, entre aures celui de saint Pardoux, du prévôté d'Arnac, qui fit plusieurs miracles; les seigneurs de marque y vinrent en grand nombre et les peuples y accoururent à troupes. Sur quoi je ne puis juger qu'on eût pu placer commodément ces reliques des saints dans le sépulcre, ni que la quantité de malades, du peuple et des seigneurs dont l'auteur fait mention en pût approcher; et partant, j'estime que l'on éleva et transporta les reliques de saint Martial de son sépulcre, en quelque endroit plus spacieux, comme à Montjauvi ou en la grande église, ainsi qu'on avait fait en semblables rencontres. En tous cas, si ce qui arriva pour lors n'est pas nommé translation, c'est, pour le moins, une célèbre occasion où Dieu glorifia saint Martial et lui fit rendre de grands devoirs et soumissions par les peuple de Guienne, et surtout de cette province, ce qui revient toujours à notre dessein général.

## CHAPITRE XVIII.

### Des Ostensions du Chef de saint Martial et des Processions faites à son honneur.

Les auteurs de l'Histoire ecclésiastique remarquent, en divers siècles, que les chrétiens, ayant rendu grande vénération aux reliques des saints, ont toujours fait état particulier de conserver et honorer leur chef, comme représentant le principal organe dont le Saint-Esprit s'était servi pendant leur vie. Cette considération a donné sujet, en plusieurs endroits de la chrétienté, de séparer le chef du reste du corps; et quand les supérieurs des églises où l'on a gardé ces sacrés dépôts, ont fait des distributions des autres ossements, ils ont ordinairement retenu la plus noble partie. Nous ne saurions dire précisément le temps auquel cette pratique a été introduite à Limoges pour le chef de saint Martial, et je n'en ai rien trouvé de plus ancien que ce qui est rapporté par le moine Geoffroy, en sa Chronique. Il avait remarqué, parlant de la translation de l'an 1028, que le corps entier de saint Martial fut remis au sépulcre, comme nous avons vu ci-dessus. Il dit depuis qu'en présence de Gérald, légat du pape, évêque d'Angoulême, d'Eustorge, évêque de Limoges, et d'Amlard, abbé de St-Martial, ce sacré chef fut trouvé dans une châsse d'or, au-dessus du grand autel de l'église de Saint-Sauveur; et que, pour preuve que c'était le vrai chef de saint Martial, il se fit divers miracles en cette première ostension, à la vue de plusieurs milliers de personnes qui y étaient venues en affluence. Un autre recueil manuscrit, contenant quelques mémoires historiques, et plus exact en la chronologie, réduit cette ostension à l'année 1130, et ajoute que Vulgrin, archevêque de Bourges, et Aimery, évêque de Clermont, s'y trouvèrent. Que s'il est permis d'user de conjectures, je dirai que le chef de ce grand saint fut séparé, ou à l'occasion de ce que nous avons dit être arrivé sur la fin du chapitre précédent, ou au sujet de la dédicace faite par le pape Urbain II, l'an 1095 ; et que cela fut jugé convenable, afin qu'on pût honorer saint Martial dans un lieu spacieux comme la grande église, y tenant le chef ; et que, d'ailleurs, le reste du corps demeura en vénération dans le sépulcre où le même saint avait choisi son principal domicile.

Cette première ostension du chef fut suivie de plusieurs particulières, et le moine Geoffroy fait mention d'une environ l'an 1162, lorsque les chanoines de Lincoln vinrent demander des reliques de saint Martial, dont nous avons parlé au chapitre 8. Le jour, dit-il, de la Toussaint, après l'évangile de la grand'messe, l'abbé nous montra le chef de saint Martial en présence du peuple. On en faisait d'autres pour satisfaire à la dévotion des grands, dont nous avons fait voir un exemple de Thibaud, comte de Blois, au chapitre 7.

Je crois que les guerres des Anglais, dont le Limousin fut le théâtre ordinaire durant longtemps, empêchèrent qu'il ne s'en fît de solennelles ; et, en effet, je n'en ai point rencontré de cette sorte, ni qui eussent suite, qu'ès-années 1286, 1290, 1300, 1309, spécifiées au recueil ci-dessus allégué, où il est dit que ces ostensions furent faites devant l'autel de saint Austriclinien, depuis la fête de saint Michel jusques à l'octave saint Martin. Depuis, nous voyons que la bulle du pape Grégoire XI, donnée à Marseille le 8 des calendes d'octobre, l'an VI de son pontificat, présuppose la coutume des ostensions solennelles de ce chef, qui se faisaient de temps en temps, et qu'il y avait grand concours de peuple y venant en dévotion. *Caput Beati Martialis aliquibus temporibus solemniter populo ostendi consuevit*, etc. *Cum caput ipsum sic ostenditur ill huc causa devotionis magna consuevit accedere fidelium multitudo.* Cela est confirmé par un registre de notre chapitre, qui, avant cette bulle, met une ostension en l'an 1364, pendant laquelle le prince de Galles fut à Limoges.

Je traiterai les autres sommairement, suivant ce que j'en ai recueilli des archives de notre église, des registres de la grande Confrérie et d'autres mémoires assurés.

En 1388, il y eut une ostension qui dura depuis le vendredi après l'Ascension jusques au 14 de juin, environ six semaines.

En 1399.

En 1404, du mardi de Pâques jusques au dernier de mai.

En 1408.

En 1424, du 10 avril au 8 de juin.

En 1435, 1445, 1458, 1464.

En 1481, un jour de dimanche, 17 de février, après la procession faite en l'église cathédrale pour la prospérité du roi et fertilité de la terre.

En 1496, 1504, 1510, 1519, 1525.

En 1533, depuis le mardi de Pâques.

En 1540.

En 1542, le 22 d'octobre, jour de dimanche, l'évêque de Basas, assisté de Roland Barton, abbé de Solignac, et de Guillaume Jouviond, abbé de Saint-Martin, fit l'ostension du chef de saint Martial, qui dura depuis sept heures du matin jusques après les vêpres du même jour, où assistèrent en robes rouges MM. les présidents et conseillers du parlement de Bordeaux, tenant les grands jours à Limoges.

En 1554, jusques au mardi après la Trinité, 22 de mai, jour de Saint-Loup.

En 1561.

En 1569, depuis le mardi de Pâques.

En 1575, jusques au mardi de la Pentecôte.

En 1582, 1589, 1596, 1603, 1610, 1617, 1624, 1631, 1638.

La suite de ces années fait bien voir que les ostensions de ce sacré chef ont été continuées de temps en temps, mais non pas toujours par mêmes intervalles d'années, en mêmes saisons, ni en égale durée. Cela dépendait de diverses rencontres de la paix, de la guerre, des hostilités, des pestes et mortalités, et des instantes prières que l'on faisait pour jouir de ce bonheur. Et depuis même que nous voyons y avoir eu règlement de sept en sept ans, l'an 1533, il y eut interruption l'an 1547, à cause de la grande peste, qui commença au mois de mars à Limoges, comme j'ai vu dans un journal de ce temps-là, où il est aussi dit que, l'an 1568, on fut en doute si on ferait l'ostension, à cause des troubles de l'État; ce qui ne fut résolu que le samedi avant le dimanche des Rameaux.

L'usage des processions étant fort ancien en l'Église, nous avons sujet de croire que le clergé et le peuple du Limousin n'a pas manqué d'honorer saint Martial par cette cérémonie dans les premiers siècles. Cela est confirmé clairement par la coutume dont nous avons parlé sur la fin du chapitre 11; et dans les translations tant du corps de saint Martial que des autres reliques des saints, dont le discours a été fait ès-chapitres 13, 14, 15 et 16; on y trouvera plusieurs processions faites à l'honneur du même saint, sans nous obliger à des redites ennuyeuses; d'où nous concluons que cette sorte de dévotion est bien fondée en l'antiquité. Le moine Geoffroy fait mention de celle qui fut faite lorsque Henri II, roi d'Angleterre, assiégea Limoges contre son fils Henri-le-Jeune, disant qu'on porta autour des murailles la châsse d'or où était le chef de saint Martial, et que les femmes firent le tour desdites murailles au-dedans, avec du filet qui servit à plusieurs cierges, que l'on distribua à Saint-Martial et aux autres églises.

Pour les autres dont nous avons des preuves particulières, il y en a eu d'extraordinaires, comme pour demander la conservation de l'État contre les ennemis, pour le bien inestimable de la paix, pour divertir les fléaux de Dieu dans les nécessités générales ou particulières; mais il y en avait d'ordinaires, qui se faisaient à certains temps et jours de l'année. Il est vrai que, pour diverses considérations, on n'y a pas toujours tenu une règle certaine, comme ès-années 1386 et 1404. Néanmoins, le plus commun usage depuis l'an 1388 jusques à présent, a été au mardi de Pâques. Je n'en sais point d'autre raison, si ce n'est que, dès l'an 1130, la châsse où était le chef n'ayant plus été portée à la procession du dimanche des Rameaux, suivant le récit du moine Geoffroy, on eût trouvé bon, pour la satisfaction des âmes dévotes, de la faire paraître avec la même cérémonie au jour plus proche et plus commode, qui est le mardi de Pâques. On pourrait aussi dire que cette dévotion a été pratiquée en mémoire des grands miracles qui furent faits par saint Martial, l'an 1010, au temps de Pâques, dont nous avons fait le rapport au chapitre 2, sur l'autorité de l'historien Aimar.

Quoi qu'il en soit, il n'y a peut-être en France aucune dévotion solennelle qui donne plus d'édification, de consolation et de sentiment de piété que celle de cette procession, qui se fait tous les ans à Limoges le mardi de Pâques : où l'on porte la châsse dans laquelle est conservé le chef de saint Martial, suivie ordinairement de neuf ou dix mille personnes, entre lesquelles il y a communément plus de quinze cent de l'un ou de l'autre sexe allant pieds nus, avec des cierges en main, les hommes en chemise, tête nue, dont il y a plusieurs des principales familles, officiers et autres, sexagénaires et septuagénaires ; bien souvent dans les incommodités du froid et des pluies, dont pourtant on fait une remarque commune qu'aucun n'a été malade.

Nous faisons la clôture de ce Traité par ce témoignage signalé de dévotion, qui trouvera sa récompense en Dieu, étant la dernière fin de toutes les bonnes œuvres, comme il est l'auteur et la première cause de tous les honneurs, respects et soumissions qu'on a rendus, et qu'on rendra aux siècles à venir à son fidèle serviteur saint Martial.

FIN.

# APPROBATION ET PERMISSION.

François de Lafayette, par la grâce de Dieu et du Saint-Siége apostolique, évêque de Limoges, savoir faisons, que sur le rapport à nous fait par plusieurs personnes bien versées en théologie, auxquelles nous avons commis l'examen d'un livre intitulé : *Traité de la Dévotion des anciens Chrétiens à saint Martial, apôtre de la Guienne et premier évêque de Limoges, avec les Prières qui pourront être faites chaque jour de la semaine en l'église du même saint, durant l'Ostension prochaine;* ne s'y étant rien trouvé qui ne soit conforme à la créance de l'Église catholique, apostolique et romaine, pour l'édification des fidèles et pour augmenter le culte et la vénération de ce grand saint, duquel la providence de Dieu nous a voulu rendre successeur, nous avons permis et permettons l'impression et publication desdits Traité et Prières dans l'étendue de notre diocèse.

Donné au Palais épiscopal de notre cité de Limoges, le 24 février 1638.

*Signé :* † François, évêque de Limoges.


Et plus bas :

Par commandement de mondit seigneur l'illustrissime et révérendissime évêque de Limoges.

Palays.

# PRIÈRES

## POUR CHAQUE JOUR DE LA SEMAINE, DURANT L'OSTENSION

### EN L'ÉGLISE DE SAINT-MARTIAL.

---

### LE DIMANCHE.

O vero Sanctum et gloriosum Martialem Apostolum, per quem Aquitania suum agnovit Creatorem! Et per cujus multitudinem miraculorum Lemovicenses in suum credere cœperunt Redemptorem et Salvatorem.

℣. Ora pro nobis, Sancte Martialis.
℟. Ut digni efficiamur promissionibus Christi.

*Oremus.*

Omnipotens sempiterne Deus, qui Beatum Martialem Apostolum tuum Ecclesiæ tuæ sanctæ præesse voluisti : quæsumus nobis, ejus suffragantibus meritis, pietatis tuæ gratiam largiaris. Per Dominum nostrum Jesum Christum Filium tuum, qui tecum vivit et regnat in unitate Spiritus sancti, Deus, Per omnia sæcula sæculorum. Amen.

## LE LUNDI.

O præsul beatissime, O Martialis Doctor et Pastor Aquitanorum audi preces servulorum, et intercede pro salute omnium populorum.

℣. In medio populi exaltabitur.
℟. Et in plenitudine sancta gloriabitur.

*Oremus.*

Deus qui Beatum Martialem prædicationis Evangelicæ gratia sublimasti : tribue quæsumus, ejus nos semper et eruditione proficere, et intercessione gaudere. Per Dominum nostrum Jesum Christum Filium tuum, etc.

## LE MARDI.

O magnum Primatem in tantorum virtute miraculorum, ineffabilem Martialem Apostolum! ejus Domine nos sublevet pietas, quos mergit ingens pravitas, omnemque gregem sibi commissum perducat ad gaudium Sanctis à te præparatum.

℣. In multitudine electorum habebit laudem.
℟. Et inter benedictos benedicetur.

*Oremus.*

Deus qui populo tuo agnitionem tui nominis per beatum Martialem Apostolum tuum revelasti : præsta quæsumus, ut sicut in terris doctor extitit veritatis, ita nobis in cælo indulgentiam obtineat tuæ pietatis. Per Dominum nostrum, etc.

## LE MERCREDI.

In omni opere dedit Dominus confessionem sancto et excelso in verbo gloriæ : dedit illi in celebrationibus decus et ornavit tempora usque in consummationem vitæ.

℣. Statuit filios suos sub tegmine illius.
℟. Et sub ramis illius morabuntur.

*Oremus.*

Deus, qui Ecclesiam tuam in Apostolicis tribuisti consistere fundamentis : præsta quæsumus, ut qui devote ad Beati Apostoli Martialis conveniunt solemnia, tuo auxilio muniantur, et Spiritus sancti gratia repleantur. Per Dominum nostrum, etc.

## LE JEUDI.

Statuit illi Dominus testamentum pacis, principem sanctorum et gentis suæ, ut sit illi et semini ejus sacerdotii dignitas in æternum.

℣. Magnificavit eum in conspectu regum.
℟. Et dedit illi coronam gloriæ.

*Oremus.*

Da quæsumus Domine Ecclesiæ tuæ in hac beati Martialis Apostoli tui celebritate lætitiam, ut cujus membra pio honore veneratur in terris, ejus intercessionibus sublevetur in cœlis. Per Dominum, etc.

## LE VENDREDI.

Hic est Sanctus qui curavit gentem suam, et liberavit eam à perditione, qui prævaluit amplificare civitatem, et adeptus est gloriam in conversatione gentis.

℣. Benedictionem gentium dedit illi,

℟. Et testamentum suum confirmavit super caput ejus.

*Oremus.*

Da quæsumus Domine vitiorum nostrorum flammas extinguere, qui beati Martialis Apostoli tui precibus populum Aquitanicum ab igne subcutaneo liberasti. Per Dominum nostrum, etc.

### LE SAMEDI.

Iteravit orationem suam volens ostendere virtutem Dei, ut det nobis jucunditatem cordis, et fieri pacem in diebus nostris.

℣. Benedictio Domini,

℟. Super caput justi.

*Oremus.*

Deus qui populo tuo æternæ salutis beatum Martialem Apostolum tuum ministrum tribuisti : præsta quæsumus, ut quem doctorem vitæ habuimus in terris, intercessorem habere mereamur in cœlis. Per Dominum nostrum, etc.

# RECHERCHES

## SUR LE

# CULTE DE SAINT MARTIAL

### ET

## SUR L'AUTHENTICITÉ DE SES RELIQUES

#### Par l'abbé TEXIER

Supérieur du Petit Séminaire du Dorat.

---

L'opuscule qui précède perd de son importance apparente sous sa forme typographique moderne. Nous avons pensé qu'il serait utile, et pour l'instruction de nos compatriotes et même pour l'aspect extérieur du volume, d'en augmenter l'étendue en y ajoutant quelques notes sur le même sujet. Bandel n'avait ni la volonté ni le pouvoir d'épuiser la matière : un gros volume y suffirait à peine. Sa publication avait un but populaire ; dans sa pensée, c'était un fervent appel à la piété publique, plutôt qu'une histoire régulière de la dévotion à S. Martial.

Il nous eût été doux de laisser aller notre plume, et de mettre au jour, en toute liberté, les renseignements historiques que nous avons lentement amassés sur un sujet qui occupa toute notre vie. De hautes convenances littéraires ne nous permettaient pas de le faire ici. Éditeur du Traité de Bandel, nous ne pouvions avoir la pensée d'en publier un autre à l'abri de son nom. Nos recherches doivent donc garder une forme concise. La gloire de saint Martial en souffrira peu ; c'est un tableau chronologique dont la richesse peut se passer de tout arrangement littéraire.

Dans un premier chapitre, nous donnons la liste des églises qui, en divers temps, se sont mises sous la protection de saint Martial, soit en se donnant à son monastère, soit en l'adoptant pour patron.

Les Ostensions et pèlerinages en l'honneur de saint Martial forment un second chapitre. On a, en quelques pages, l'histoire abrégée des monastères qui portaient son nom.

Une dernière division nous donnera lieu d'établir, contre toute objection possible, l'authenticité incontestable, évidente des précieuses reliques du saint que garde l'église de Saint-Michel-des-Lions, à Limoges. Le lecteur attentif pourra ensuite conclure. Peut-être pensera-t-il avec nous que, malgré l'érection récente d'une église consacrée à saint Martial, *il reste quelque chose à faire* en l'honneur de l'Apôtre de l'Aquitaine.

---

## CHAPITRE PREMIER.

### Églises données à saint Martial ou érigées en son honneur.

Dès les temps les plus reculés, nous trouvons une église élevée sur la tombe de saint Martial, sous le nom de Saint-Pierre-du-Sépulcre. Cette construction, d'une rudesse primitive, ne pouvait suffire à la piété des populations de l'Aquitaine et à leur concours de plus en plus empressé. Un monastère, construit sous Louis-le-Débonnaire, enveloppa dans son enceinte le tombeau de saint Martial. La nouvelle église portait le caractère de magnificence et d'étendue qui convenait à sa destination. Les faveurs spirituelles ne furent pas les seules récompenses dont Dieu paya l'humilité monastique. L'abbaye de Saint-Martial fut une école qui sauva pour notre pays les dons les plus précieux des civilisations antiques. Les lettres et les arts y fleurirent avec une splendeur particulière. Ce monastère était donc un lieu de prière et une école; c'était aussi, selon la coutume, une hôtellerie pour les pèlerins. Un hospice qui leur était destiné s'éleva à côté de l'enceinte réservée aux moines. L'affluence des visiteurs avait pour cause principale les miracles nombreux qui s'opéraient au tombeau de saint Martial. Ainsi s'expliquent les donations nombreuses qu'ils firent à ce monastère. Nous en donnons ci-dessous la liste assez exacte, en réunissant sous le même titre, faute d'espace, les églises données à saint Martial et celles qui furent bâties par ce monastère, et qui en étaient comme des succursales. Nos érudits Labbe, Nadaud, Legros, Bonaventure, nous

ont fourni la plus grande partie des éléments
de ce travail. Etaient à la nomination de
l'abbaye de Saint-Martial les églises dont
les noms suivent :

### DIOCÈSE DE LIMOGES.

#### Archiprêtré de Limoges.

La cure de Saint-Michel-des-Lions.
La cure de Montjauvi.

#### Archiprêtré de Saint-Junien.

La prévôté de Manoc.
La cure du même lieu.
Le prieuré de La Croix.
La cure du même lieu.
La cure de Couseix.

#### Archiprêtré de Bénevent.

La prévôté de Saint-Vaulry.
La cure du même lieu.
La cure de Mérignac.
La cure de Mansac.
La cure de Saint-Martin-de-Charguac.
Le prieuré de Villars.
La cure du même lieu.
La cure de Bussière-Dunoise.
Le prieuré de Nailhac.
La cure du même lieu.
La cure de La Brionne.

### Archiprêtré de Rancon.

La prévôté de Roussac.
La cure du même lieu.
Le prieuré d'Azac-le-Ris.
La cure du même lieu.
Celles de Compreignhac.
    Thouron.
    La Brégère.
    Saint-Sulpice-Laurière.
La prévôté de La Souterraine.
Le prieuré de Lussac-les-Églises.
Le prieuré d'Ars.

### Archiprêtré d'Aubusson.

Le prieuré de Peyrat.
La cure de Claravaux.
Celle de Valière.

### Archiprêtré de Nontron.

La cure de Moutier-Ferrier.

### Archiprêtré de Libersac.

La prévôté de Rot.
Celle d'Arnac.
Celle de Rosiers.
La cure du même lieu.

### Archiprêtré de La Meise.

La prévôté de Feix.

La prévôté des Cars.
Le prieuré de Las-Tours.
La cure de Château-hors-Chervix.
Le prieuré de Tarn.
La cure d'Aixe et Tarn.

### Archiprêtré de La Porcherie.

Le prieuré de Sirac.

### Archiprêtré de Saint-Paul.

La prévôté de Panazol.
Celle des Sechères.
Les cures de Panazol.
> Royère, près Saint-Léonard.
> Saint-Denis-des-Murs.
> Saint-Just.

### Archiprêtré du Vigeois.

L'abbaye du Vigeois.

## DIOCÈSE D'ANGOULÊME.

St-Martial de Mouton, prieuré donné en 893.
La cure de Mouton.
Saint-Sulpice, cure, était possédée par Saint-Martial avant 1147.
Saint-Jean-Baptiste de Bierge, près Ruffec.
Saint-Hilaire du Moutier, prieuré.
La cure du même lieu.
Chantrezac, cure.
La Roche-Andri, prieuré.

9.

### DIOCÈSE DE BÉZIERS.

Le prieuré de Saint-Laurent.

### DIOCÈSE DE BORDEAUX.

Sainte-Marie, cure, donnée avec la grande île de la Dordogne, près de Château-Fronsac, par Aduin, comte d'Angoulême, en 1028.

### DIOCÈSE DE BOURGES.

Rollac-le-Château, prieuré, donné par Raimond, comte de Limoges.
Saint-Martial-de-Dunet, prieuré.
St-Martial-de-Malverie (Mauvière), prieuré et cure.
Chazelles, prieuré et cure.

### DIOCÈSE DE CAHORS.

La Beine, prieuré.

### DIOCÈSE DE CLERMONT.

Prieurés de Vernajolio.
— de Saint-Victor.
— de Saint-Martial-d'Entraigues.

### DIOCÈSE DE LAVAUR.

Prieuré de Saint-Martial-d'Appelle.

### DIOCÈSE DE PÉRIGUEUX.

Paunac, monastère.
Saint-Silvain, cure.

Sainte-Radégonde, cure, donnée en 856.
Saint-Martial-d'Albarède.
Le prieuré de Leyrache.
Le prieuré de Majolinus.

### DIOCÈSE DE TOULOUSE.

Saint-Martial-de-Sancia, cure.

### DIOCÈSE DE POITIERS.

Le prieuré de Cruzeu.
Le prieuré de Saint-Martial de Montmorillon.

### DIOCÈSE DE SARLAT.

Le prieuré de Ribanhac.
L'abbaye de Terrasson.

### DIOCÈSE DE LA ROCHELLE.

Saint-Pierre-d'Anez en Aunis, cure donnée par Guillaume V, duc d'Aquitaine, vers l'an 1000.
Vérines, cure.

### DIOCÈSE DE RHODEZ.

Saint-Martial-d'Asprières, doyenné.
Sainte-Marie-de-Panusia ou la Panouse.

### DIOCÈSE DE SAINTES.

Chalais, prévôté.
Saint-Martin-de-Saujon, prieuré.
Saint-Martial de *Vite-Eterne*, prieuré.

Saint-Pierre-de-Monteindre, prieuré.
Notre-Dame-de-Monléry, prieuré.
Saint-Sauveur de *Vilâ-Eternâ,* prieuré.
Prieuré et cure de St-Christophe de *Passu et cellâ.*
Prieuré et cure de St-Martial-de-Mirambel.
Prieuré de La Gulhe.
L'abbaye de Baigne.

### DIOCÈSE DE VABRES.

La Panouse, prieuré.

Toutes ces églises, données à l'abbaye de Saint-Martial ou fondées par ce monastère étaient, dans l'intention de leurs fondateurs, un hommage rendu au saint. D'autres, en petit nombre, sans relever directement de son tombeau, lui avaient consacré des autels ou des chapelles où il était honoré comme apôtre ; nous citerons dans le nombre :

Saint-Pierre-du-Queyroix, à Limoges ; cet autel est présentement sous le vocable de saint Léonard.

Coussac-Bonneval.

Les collégiales de Saint-Junien et du Dorat.

Des chapelles étaient sous son invocation dans les cathédrales d'Auch, d'Alby, de Tours et de Sens, et dans l'église Saint-Seurin, à Bordeaux.

Oradour-Saint-Genest.
Saint-Sauveur, près Bellac.
Saint-Vaulry.

Des hommages plus solennels encore étaient rendus à saint Martial en d'autres lieux. Dans l'ancien diocèse de Limoges, il avait donné son nom à dix paroisses. Nous les enregistrons, en y ajoutant la date du titre le plus ancien relatif à ces églises. Presque toujours l'existence de ces églises est de beaucoup antérieure.

Saint-Martial-d'Entraigues, présentement diocèse de Tulle, signalé dans la bulle de 1318.

Saint-Martial, près Saint-Barbant, 1476.

Saint-Martial-de-Gimel (diocèse de Tulle), 1265. Baluze, *Hist. Tutel.*, col. 567.

Saint-Martial-le-Mont, 1509. Saint Martial y commença, dit-on, sa prédication en Limousin. Bonavent., T. 2, pag. 258.

St-Martial, annexe de Peyrat, près Bellac.

Saint-Martial-de-La-Valette, 1405.

Saint-Martial-le-Vieux. Reconstruction de l'église en 1495.

La chapelle Saint-Martial. Le monastère d'Ahun possédait cette église en 1374.

La chapelle Saint-Martial, sous Lespaud, cure, 1477.

Saint-Martial-de-Montjauvi, cure. L'église fut bâtie en 994.

Dans le même diocèse, le saint Apôtre d'Aquitaine était honoré comme patron principal dans les églises dont nous inscrivons ici la liste. Actuellement quelques-unes de ces paroisses font partie des diocèses de Tulle ou d'Angoulême.

Anzême, prieuré, 833, donné à St-Martial par l'empereur Louis-le-Débonnaire.

Antée ou Anteano, près Lubersac, 1097. C. Baluze, *Miscell.*, T. 6, pag. 389.

Arfeuille, prieuré, 1577.

Augères, cure, 1508.

Auginhac, cure, 1456.

Bellejoude, chapelle, près Saint-Étienne-aux-Claux, 1482.

Blessac, cure régulière, 1049.

Bonnœil, cure, 1418.

Brigueil-l'Aîné, cure. Arvœus, trésorier de Saint-Martin de Tours, donna cette église et le château au monastère de Saint-Martin-les-Limoges en l'an 1000.

Busserolles, cure, 1474.

Chambon, cure, 1576.

Chamborant, cure, 1483.

Champagnac, cure, 1562.

Champeix, cure, 1476.

Chasteaux, prieuré-cure, 1213.

Châtelet, cure, 1370.

Cieux, cure, 332.

Clugnac, prieuré-cure, 1530.

Couseix, cure, 1097.

Croze, cure, 920.

Droux, cure.

Espartignac, cure, cédée au monastère du Vigeois en 1111.

Feix, prévôté, en Saint-Jean-Ligoure, et maladrerie unie à la mense, capitulaire, en 1535.

Genouillac, prieuré-cure ; on avait commencé à rebâtir l'église en 1481. Saint Yrieix, dans son testament en 572, donne cette église à Saint-Martial.

Gentioux, cure.

La Griffoulière, prieuré, en Ménoire.

Jabreilles, cure, 1237.

Janaillac, donné à Saint-Martial en 833 ; mentionné par Innocent III en 1212.

Jouillac, cure, 1566,

La Brière, annexe de Lavau-Franche, 1636.

Lussac-les-Eglises, prieuré-cure, 1473.

Manoc, cure. Guillaume Taillefer, comte d'Angoulême, donna cette église à Saint-Martial de Limoges en 947. Selon d'autres, elle fut donnée par Adémar, comte de Poitou, en 917.

Mansac, prieuré-cure, acquis par Isembard, abbé de Saint-Martial, mort en 1108.

Montgibaud, cure, 1418.

Néoux, cure; l'archiprêtré d'Aubusson y fut uni en 1288.

Orgnac, cure donnée au Vigeois par l'évêque de Limoges Viroald, en 1103.

Les Palisses, cure; on rebâtissait l'église en 1495.

Le Pont-de-Noblac, cure, 1461.

Rot, monastère érigé en 849, près Saint-Pantaléon de Brives.

Roussac, prévôté-cure, dépendant de Saint-Martial, en 1097.

Rosiers, près Juillac, prévôté, en 1097.

La Souterraine, prévôté donnée à Saint-Martial de Limoges par Gérald de Crosent, en 1015.

Thouron, cure, 1513.

Toul-Sainte-Croix, cure régulière.

Turenne (la chapelle du château), érigée en mémoire de la translation des reliques de saint Martial, en 885.

Venarsal, cure. Étienne et sa femme Aldegarde cédèrent cette église au monastère de Beaulieu en 925.

Usurac, 1205.

Védrénas, près de La Forest, prieuré, en 1392; uni à Charnac en 1215.

Dans la même province, quinze chapelles avaient été bâties en l'honneur de saint Martial :

A Balanges, près La Croix.

A Busserolles.

Près le château de La Blanche, paroisse d'Espartignac, ruinée par les protestants en 1593.

Au Châtelet-André, paroisse d'Évaux.

Dans la paroisse de Châteauponsac.

A Eychalas, près Juillac.

Près Genouillac, chapelle différente du prieuré cité plus haut.

A Dompierre.

Près Saint-Martin-de-Jussac.

A Évaux, 1636.

Sur la paroisse de Saint-Maurice de la Cité, à Limoges.

A Oradour-Saint-Genest.

Près Peyrusse, donné à Bénévent par Pierre de Peyrusse, vers 1095.

A Ussel.

Au Bois ou au Jassouneix, même paroisse.

Hors du diocèse de Limoges, les églises mises sous la protection du saint Apôtre n'étaient pas moins nombreuses. Dans le nombre, nous citerons :

### DIOCÈSE D'AVIGNON.

**Saint-Martial d'Avignon.**

### DIOCÈSE D'ANGOULÊME.

**Saint-Martial d'Angoulême**, église paroissiale, admirablement reconstruite en 1853, sous l'épiscopat et par l'influence de Mgr Cousseau.
**Saint-Martial**, près Barbezieux.
**Saint-Martial de Mouton** (*de Mutone*).
**Saint-Martial de Ruffec.**

### DIOCÈSE DE BOURGES.

**Saint-Martial de Dunet**, prieuré-cure.
**Saint-Martial de Mauvière**, prieuré-cure.
**Saint-Martial de Salviac.**

### DIOCÈSE DE CLERMONT.

**Saint-Martial d'Entraigues**, prieuré.

### DIOCÈSE DE LAVAUR.

**Saint-Martial-d'Appelle.**

### DIOCÈSE D'ORLÉANS.

**Saint-Martial de Châteauneuf**, cure.

### DIOCÈSE DE PÉRIGUEUX ET DE SARLAT.

**Saint-Martial d'Albarède**, cure.

Saint-Martial d'Artenset, prieuré.
Saint-Martial de Nabirat, prieuré.
Saint-Martial de Paunac, monastère.

### DIOCÈSE DE NEVERS.

Saint-Martial de Nevers.

### DIOCÈSE DE PARIS.

Saint-Martial de Paris.

### DIOCÈSE DE POITIERS.

Saint-Martial de Montmorillon.

### DIOCÈSE DE RHODEZ.

Saint-Martial d'Asprières.
Saint-Martial de Rieupeyroux.

### DIOCÈSE DE SAINTES.

Saint-Martial de Challes.

### DIOCÈSE DE TOULOUSE.

Saint-Martial de Sancia, cure.
Le collége de Saint-Martial, à Toulouse, fondé au profit des étudiants limousins sans fortune.

### DIOCÈSE DE TULLE.

Saint-Martial *de Inferno*, ou d'Entraigues.

En poursuivant nos explorations hors de

France, nous trouverions saint Martial invoqué comme patron principal à Venise et à Colle, en des monuments édifiés sous son nom. En Espagne, nos auteurs mentionnent les monastères de Saint-Martial-de-Tutelle et de Saint-Martial-de-Signe. En Angleterre, au diocèse de Lincoln, existait aussi un monastère édifié en son honneur.

## CHAPITRE II.

### Ostensions et Pèlerinages[1].

Une contagion, connue sous le nom de mal des ardents, sévit en Aquitaine au x° siècle. En peu de jours elle emporta quarante mille habitants de cette province. Quelques heures après l'invasion du mal, des taches livides couvraient le corps; les membres, atteints par un feu intérieur, se séparaient du tronc et tombaient desséchés.

[1] On nous pardonnera de nous citer nous-même.

Des douleurs cruelles précédaient une mort rapide que les malades trouvaient encore trop lente.

Les populations éperdues eurent recours à l'intervention divine. Le corps de saint Martial, retiré une seconde fois de son tombeau, fut exposé à la vénération publique en un lieu élevé près de la ville de Limoges. Toutes les reliques des saints conservées dans la province y furent transportées, comme pour faire un cortége d'honneur au saint apôtre d'Aquitaine. Dieu se laissa toucher: la contagion disparut subitement, et l'éminence sur laquelle avaient reposé les corps des saints vit bâtir une église qui reçut le nom de *Saint-Martial du Mont de la Joie, Montis Gaudii;* l'idiome vulgaire a altéré le nom de ce lieu et l'appelle Montjovis.

A dater de ce moment se développe dans le diocèse de Limoges l'usage d'exposer à nu les reliques de saint Martial et des autres saints. La piété populaire qui demandait la cessation des fléaux, les visites des grands de la terre rendaient plus ou moins fréquentes ces expositions publiques. Plus tard on éprouva le besoin d'y introduire quelque régularité; il fut décidé que l'ostension, *la montre* des reliques, comme on disait au moyen âge, aurait lieu tous les ans[1]. Depuis le commencement du xviᵉ siècle, cette cérémonie, particulière à cette province, n'a été interrompue que deux fois.

Le chef de saint Martial, conservé par un des municipaux que la révolution avait chargés de le détruire, fut rendu à l'autorité diocésaine en 1803. Une enquête sévère constata l'authenticité de la sainte relique, et l'ostension régulière eut lieu en 1806. A dater de cette époque, cette cérémonie s'est accomplie aux époques fixées. A six reprises déjà nous avons pris part aux fêtes auxquelles elle donne lieu. Notre récit est donc la déposition d'un témoin oculaire.

Le jeudi de la mi-Carême qui précède l'ouverture des châsses, les soixante-douze membres de la grande confrérie de Saint-Martial[2], armés et revêtus de leur costume traditionnel, font solennellement bénir par

[1] On appelait aussi la *vote* (*votum*), et cette expression est demeurée dans l'idiome populaire. A cette occasion se distribuaient en grand nombre des boîtes dites *de vote*, où les fidèles renfermaient les médailles ou le coton qui avaient touché le corps des saints.

[2] Leur nombre s'élève à soixante-douze, parce que, selon la tradition, saint Martial était un des soixante-douze disciples de Notre-Seigneur.

Mgr l'évêque de Limoges un drapeau de grande dimension, dont le fond blanc est coupé d'une croix rouge. Les rites de cette cérémonie sont ceux de la bénédiction des drapeaux des croisades. Le cortége parcourt la ville aux sons de la musique et des tambours. Une mousqueterie incessante est l'accompagnement obligé de cette promenade. Tout enfant nous y avons pris part comme parent de deux confrères, et à travers nos souvenirs, nous nous rappelons les armes étranges léguées de génération en génération pour cet usage : arquebuses à mèches ou à rouet, lourdes pièces qu'il fallait ajuster sur des fourches; tromblons gigantesques à gueules de lion qui vomissaient la flamme et le bruit; fauconneaux de formes bizarres, qu'on retrouve rarement aux panoplies des curieux; canons énormes tout brillants des damasquinures qui les émaillaient, armes préférées, parce qu'elles étaient aussi à leur manière des restes plus sonores du passé.

Le drapeau est ensuite arboré au sommet du clocher de St-Michel, église où repose, depuis la destruction de l'abbaye de Saint-Martial, le corps du saint Apôtre.

Le dimanche de Quasimodo, le chef vénérable de saint Martial est solennellement retiré de la châsse où il a reposé pendant sept ans. Mgr l'évêque préside cette solennité, à laquelle assistent des représentants de toutes les magistratures de la ville épiscopale. La même solennité s'accomplit le même jour dans toutes les villes du diocèse qui possèdent des reliques considérables.

Le Limousin est la terre des saints. Suivez le cours de la Vienne : toutes les villes que baigne cette rivière en cette province, de l'orient à l'occident, furent des solitudes sanctifiées par leur présence. D'Eymoutiers, où fleurit saint Psalmodius dont la légende est si touchante, et qui d'Ecosse entrevoyait à travers les brumes des mers la solitude où il devait vivre plus près de Dieu, laissez-vous entraîner au courant de la rivière, elle vous porte à Saint-Léonard, ville à laquelle, sans le savoir, le pieux cénobite parent de Clovis donna une existence et son nom, et qu'il exempta d'impôts (jusqu'à la révolution) par une promenade solitaire. Plus loin, saluez en passant la retraite où se sanctifia un autre solitaire écossais, saint Victurnien, et faites halte à Saint-Junien, ville qui garde encore le tombeau doublement merveilleux de son fondateur. Mais d'autres solitaires nous attendent et nous appellent. Au nord, saint Israël, doublement couronné de l'auréole de la sainteté et de la poésie ; saint Etienne de Muret, qui fonda, sans le savoir et malgré lui, une religion ; nous l'avons dit ailleurs, c'est le propre des grandes choses de s'ignorer à leur origine. La Providence a voilé d'un nuage tous les commencements des grandeurs de la terre. Au midi, saint Yrieix, autre saint de noble lignage, qui fit du manse d'Atanum une abbaye d'abord, puis une ville ; et vingt autres : saint Amadour, compagnon de saint Martial ; saint Gautier de Lesterps ; saint Marien d'Evaux ; saint Pardoux, fondateur de Guéret ; saint Etienne, qui fertilisa Obasine et en prit le nom ; saint Calmine de Laguène ; saint Léobon de Salagnac ; saint Gaucher et saint Faucher d'Aureil. Oui vraiment, on peut le dire, la terre que foulent nos pieds est sainte.

Par leurs œuvres, par les édifices qu'ils avaient fondés, par leur souvenir empreint en toutes choses, par leur intervention miraculeuse toujours renouvelée, nos saints peuplaient nos campagnes, si désertes et si froides aujourd'hui ; mais ces trésors ne suffisaient pas à la piété de nos aïeux. Tout chevalier revenu de la conquête du tombeau du Christ rapportait comme un trophée quelque pieuse relique. Amaury, roi de Jérusalem, payait de leurs prières les bons hommes de Grammont, en leur octroyant un fragment de la vraie croix. Les chevaliers de Saint-Jean de Jérusalem envoyaient, comme témoignage de leurs victoires, les reliques enlevées à Constantinople. Les pèlerinages héroïques nous valaient des trésors, et c'est à une visite de ce genre que le Limousin dut les corps de sept vierges martyres, compagnes de sainte Ursule. Les catacombes s'ouvraient et nous envoyaient d'héroïques témoins des premiers âges.

Toutes ces reliques sont exposées à la vénération publique avec des cérémonies particulières.

A Saint-Junien, les confrères, en costume suisse du xv<sup>e</sup> siècle, ont paré la ville tout entière d'arcs de verdure. Dans les principaux carrefours s'élèvent des décorations où des enfants costumés figurent les traits de la vie de saint Junien ; là il prie près de sa grotte et sur la tombe de saint Amand ; ailleurs, la neige, en couvrant le sol au cœur de l'été, témoigne de sa puissance miraculeuse ; plus loin, il guérit le corps et l'âme, il ressuscite et convertit. Les sites, les rochers de sa solitude sont rendus avec une naïveté ingénieuse.

Au Dorat, pour honorer saint Israël et saint Théobald, vingt à trente paroisses en armes arrivent précédées de leurs maires et de leurs curés. Les uniformes appartiennent à tous les âges, à toutes les armes, et la musique à tous les temps ; mais le recueillement, la foi profonde rendent touchant et pittoresque ce qui, pour l'ironie, prêterait matière à sarcasme. A la suite des hommes viennent les femmes et les jeunes filles vêtues de blanc et portant des bannières. En 1855, grâce aux communautés religieuses établies dans un grand nombre de paroisses, les fleurs bleues faisaient seules partie des parures et des bouquets. Les couronnes qui ceignaient tous les fronts voilés de blanc, les guirlandes qui encadraient les blanches parures, étaient de fleurs bleues. Et, grâce au dévoûment des confrères de saint Israël et saint Théobald, ces vingt-cinq paroisses tout entières, vingt mille personnes trouvent place dans l'église ; le calme, l'émotion sont inexprimables. Après l'office, au son des tambours et des fifres, au bruit des commandements militaires interrompus par une musique puissante, s'organise une procession immense. Elle se dissout au milieu des salves de la mousqueterie, et, malgré la foule accourue pour jouir de ce spectacle, à quatre heures du soir le silence se fait dans les rues de la petite ville. Elle est redevenue déserte, pas un visiteur ne s'est attardé. Jamais la police ni l'autorité n'ont eu besoin de se montrer. On ne soupçonnerait pas que ces places solitaires frémissaient quelques heures auparavant sous le concours de soixante mille personnes.

A Saint-Léonard, le tombeau du saint s'ouvre avec des solennités différentes. L'exposition des reliques attire un grand concours de fidèles.

Puis, dans les diverses stations dépositaires des reliques, des pèlerinages s'accomplissent en vertu de vœux anciens, devenus traditionnels, et toujours respectés.

Les paroisses de l'ancien archiprêtré de Saint-Paul vont solennellement en procession à Saint-Léonard. Quarante paroisses honorent de la même manière saint Junien, saint Israël et saint Théobald. Chaque paroisse laisse une offrande, consistant le plus souvent en un cierge à ses armes.

A Limoges, les confréries diverses parcourent la ville. Les pénitents vont d'église en église, déposant des offrandes semblables. Deux confréries surtout, celles des Pénitents rouges et des pénitents feuille-morte, étaient célèbres par les luttes curieuses de magnificence et d'originalité auxquelles elles se livraient.

Dans leurs rangs se montraient, costumés à leurs frais, les saints de l'Ancien et du Nouveau-Testament, les sept Macchabées, la Passion tout entière, y compris Notre-Seigneur, la sainte Vierge et les apôtres. Vingt-quatre anges portaient les instruments de la Passion. Nous avons pris part à cette fête en 1820, et nous nous rappelons les larmes, les sanglots et même les colères de la foule, lorsque le personnage figurant Notre-Seigneur tombait sous le poids d'une immense croix creuse de sapin et de carton. Ce spectacle fut défendu en 1827 par Mgr de Tournefort. Aujourd'hui, quelques enfants représentent encore sainte Madeleine, saint Jean-Baptiste, etc. Notre scepticisme a banni ces jeux qui édifiaient nos pères. Par moments on serait tenté de se demander si cette dissolution qui domine la création matérielle n'atteint pas aussi nos sociétés modernes : tout tombe en poussière, tout se divise. Où sont les quatre mille élèves du collége de Sainte-Marie de Limoges, qui prenaient rang dans ces processions solennelles, tous costumés et représentant par bandes de cinq cents, de douze cents, les prophètes, les martyrs, les confesseurs, les vierges, avec une rivalité de magnificence dont chaque famille faisait les frais en s'y préparant deux années à l'avance? Où sont les foules qui se précipitaient, tumultueuses et recueillies, pour jouir de ce spectacle? On vante chaque jour l'accroissement de la population de la France. Des recherches et des études persévérantes nous autorisent à douter de cet accroissement. A l'exception de Paris et de quelques villes, qui grandissent à effrayer, nous trouvons que tout a diminué en province. Paris est la tête et le cœur de la France, sans doute ; mais, pour continuer l'analogie, qu'on se rappelle que le développement excessif de ces deux organes amène dans l'homme deux maladies incurables : l'une qui amoindrit l'intelligence, l'autre qui produit une mort foudroyante.

Pendant sept semaines, la foule, toujours pieuse et recueillie, a pu à souhait rendre ses hommages aux reliques des saints. Elles vont être replacées, pendant sept ans, dans leurs châsses séculaires. Une confrérie a le privilége de clore ce jubilé solennel. Les bouchers de Limoges possèdent une confrérie de Saint-Aurélien, à laquelle est attaché cet honneur.

Pour le dire en passant, les bouchers de Limoges forment encore une véritable corporation du moyen âge. Ils occupent le même quartier, ils ont leur église particulière, leur confrérie et leur association de charité. La foi, la générosité, ces vertus inégales mais antiques, fleurissent parmi eux. On a pu blâmer leur zèle quelquefois excessif [1]; mais nous savons que leur courage a fait respecter en tous temps leur église de Saint-Aurélien; et parmi les deux cents statues de la Vierge qui ornent les carrefours de la ville de Limoges, nous avons remarqué sans surprise que la plus ancienne, enclose dans une niche du XIII$^e$ siècle, est dans leur quartier. Ils ont donc le privilége traditionnel de clore l'ostension. Un drapeau blanc, coupé d'une croix verte, est promené dans les rues

---

[1] Par exemple, le zèle qui les porte à faire peindre à l'huile leur belle croix, toutes les fois qu'un visiteur a le malheur de la trouver remarquable. Sur cette croix du XVI$^e$ siècle sont représentés les apôtres étagés dans des niches, des anges, etc.

de la ville de Limoges, au bruit d'une fusillade pacifique qui n'a jamais fait que des heureux. On se dit adieu et au revoir. Dans sept années, quelle part la mort se sera faite dans ces rangs naguère si pressés !

Cette esquisse rapide des fêtes de l'ostension ne donnera qu'une idée incomplète et insuffisante de l'ardeur contenue, de l'émotion profonde avec laquelle nos populations limousines honorent les saints. Pour comprendre l'élan populaire, il faudrait avoir été acteur autant que témoin. Ici l'action devient un témoignage ; la foi donne l'intelligence. A chaque ostension, autour des reliques vénérées se manifestent des guérisons merveilleuses. La reconnaissance suffirait à expliquer la foi si l'ostension n'était pas une fête de famille. Les saints que nous honorons ne sont pas seulement nos maîtres et nos bienfaiteurs ; ils sont aussi nos aïeux dans l'ordre du temps et dans celui de l'éternité.

Même après sa mort, saint Martial est encore le chef de cette armée spirituelle. Il est demeuré puissant dans son sépulcre, et ses ossements vénérés ne peuvent s'agiter sans faire tressaillir dans leurs tombes séculaires ceux qui furent ses disciples et ses imitateurs.

Cette cérémonie de l'ostension a donc pris naissance sur le tombeau de saint Martial ; mais son retour périodique ou irrégulier ne pouvait suffire à la piété des vieux âges. Des pèlerinages nombreux, des offrandes publiques, des processions solennelles, renouvelées sans cesse et toujours exaucées, entretenaient la confiance des populations. Bandel a noté les principaux faits de ce genre ; nous allons les enregistrer de nouveau dans l'ordre chronologique, en y ajoutant bon nombre d'évènements négligés par notre auteur :

VIe SIÈCLE. Léon de Poitiers, conseiller de Chramne, fils révolté de Clotaire Ier, murmure contre saint Martin et saint Martial ; il est frappé sur-le-champ de mutisme et de surdité [1].

573. Saint Yrieix fait des dons nombreux au monastère de Saint-Martial [2].

663. Loup, chef des Gascons, se présente à la tête d'une troupe de pillards au tombeau de saint Martial. Il veut s'emparer d'une ceinture d'or et de pierreries, offerte en pré-

[1] Cs. St Grégoire de Tours, *Hist. Franç.*, liv. IV, c. 16.
[2] Cs. *Test. S. Aredii*, Migne, Patrolog., T. LXXI, col. 1143.

sent au saint, et est mortellement blessé par Proculus.

VII⁵ SIÈCLE. Saint Éloi bâtit à Paris une église en l'honneur de saint Martial.

745. Le roi Pépin suspend au tombeau de saint Martial une bannière d'or prise à la guerre [1].

766. Le roi Pépin donne aux chanoines de Saint-Martial la terre de Saint-Vaulry.

804. L'empereur Charlemagne fait rendre à Saint-Martial le monastère de Paunac.

814. L'empereur Louis-le-Débonnaire fait construire un monastère et une église sous le titre de Saint-Sauveur, près le tombeau de saint Martial [2].

833. Le même prince fait faire la dédicace solennelle de l'église du Sauveur. En sa présence, le corps de saint Martial est retiré de son tombeau et placé dans une crypte derrière le maître-autel. Le concours des populations est immense, et plus de cinquante personnes sont étouffées dans la foule qui se presse à la porte de la basilique. A dater de ce moment, des pluies et des inondations

---

[1] *Bannum aureum*, Cs. Ademar, ap. Labbe, 1, 157.

[2] *Chron.* ap. Martine, T. III, *Anecd.*, c. 1401.

continuelles désolent la province. Le corps du saint Apôtre est remis dans son sépulcre primitif, et les fléaux sont apaisés. En mémoire de cette translation, le diocèse de Limoges célèbre une fête le 10 octobre [1].

839. **Pèlerinage de Louis-le-Débonnaire au tombeau de saint Martial.** Ce prince, environné de trois cents chevaliers, fait sa visite en habit de pèlerin et les pieds nus.

840. **Charles-le-Chauve visite le tombeau de saint Martial.** Les chanoines lui demandent la permission d'embrasser la vie monastique.

842 ou 844. **Seconde translation du corps de saint Martial.** Pour le dérober aux Normands, on le porte à Turenne, dont le château passait alors pour imprenable. La même année, le saint corps est rapporté à Limoges.

846. **Troisième translation à Solignac.** Le corps du saint Apôtre y demeura deux ans, opérant de grands miracles. La liturgie limousine fait mémoire de cette translation le 10 octobre.

855. **Charles, fils de Charles-le-Chauve, est couronné roi d'Aquitaine** dans l'église de saint Martial, en présence d'un grand

---

[1] *Act. SS. BB.*, sæc. IV, p. 2, pag. 200.

concours d'évêques. Vers la même époque, plusieurs monastères sont fondés en l'honneur de saint Martial.

867. Des seigneurs d'Avignon viennent en pèlerinage au tombeau de saint Martial.

885. Quatrième translation, causée par la crainte des Normands. Les reliques de saint Martial sont portées à Turenne ; elles y restent neuf ans, opérant de nombreux miracles.

904. Saint-Géraud, comte d'Aurillac, visite Saint-Martial. On lui fait don d'une dent du saint Apôtre.

921. L'abbé Étienne fait pour St-Martial une châsse d'or décorée de pierreries [1].

922. Charles-le-Simple vient à Limoges avec une puissante armée. Il passe la nuit en prières auprès de la fenêtre du sépulcre de saint Martial. Après la victoire remportée par lui sur Robert, il donne en présent au saint la chapelle du vaincu, un livre des Évangiles garni d'or et de pierreries, un fauteuil et un pupitre d'argent, une dalmatique de soie, une chasuble fort riche, un étendard en étoffe tissue d'or, les saints livres de

[1] Act. SS., t. 5, jun., pag. 563.

l'Histoire sacrée, et un précieux livre du calcul des temps [1].

994. Cinquième translation, à l'occasion de la maladie des Ardents. Les reliques de saint Martial, environnées des châsses des saints de la province, sont portées à Montjauvi au milieu d'un immense concours du clergé et du peuple. La contagion cesse subitement, et une église en l'honneur de saint Martial est bâtie dans ce faubourg de Limoges. En mémoire de ce bienfait, on célèbre en Limousin, le 12 novembre, une fête solennelle sous le nom de *Saint-Martial-des-Ardents*. A cette occasion, l'abbé Joffred transforma en châsse portative l'image d'or de saint Martial. Il fit aussi deux croix d'or ornées de pierreries [2].

1009. Pour payer la rançon d'Emme, vicomt<sup>sse</sup> de Limoges, prise par les Normands, on dépouille le tombeau de saint Martial de l'or et de l'argent dont il était enrichi.

1011. Éclatants miracles au tombeau de saint Martial ; des princes y viennent en pèlerinage des diverses parties de l'Aquitaine, de la France et de l'Italie [3].

[1] Adémar, *ubi suprà*, pag. 104.
[2] Id. ib.
[3] Id.

**1018.** L'abbé Joffredus suspend devant les reliques de saint Martial une couronne d'or enrichie de pierreries, et décore avec magnificence l'église de Saint-Sauveur.

**1019.** Sixième translation des reliques de saint Martial. A l'occasion de l'invention d'un chef qu'on croyait être celui de saint Jean-Baptiste, elles sont portées à St-Jean-d'Angély avec les principales reliques de la province, et y opèrent de nombreux miracles : le ciel, depuis longtemps pluvieux, recouvre sa sérénité sur leur passage [1].

**1020.** Les habitants de Narbonne, vainqueurs des Maures, font hommage de vingt de leurs prisonniers à Saint-Martial.

**1023.** Jordain, évêque de Limoges nouvellement élu, visite solennellement le tombeau de saint Martial, en compagnie du duc d'Aquitaine, des évêques Isson et Isembert, et de nombreux chevaliers.

**1024.** L'abbé Hugues, accompagné de Gauzlin, archevêque de Bourges, et de plusieurs autres évêques, prouve devant le roi Robert l'apostolicité de la mission de saint Martial.

---

[1] *Chron.* ap. Duchesne, *Hist. Franc. script.*, T. IV, pag. 259.

1026. L'abbé Odolric fait des dons considérables au tombeau de saint Martial. On énumère dans le nombre des tapis léonins, *pallia leonina*.

Le pape Jean XIX donne à saint Martial le titre d'apôtre. Il lui dédie un autel, et place sa statue dans l'église St-Pierre du Vatican.

1028. Septième translation pour la dédicace de l'église de Saint-Sauveur, faite à cette époque par onze évêques. Le corps du saint Apôtre est porté à Montjauvi. Le maçon Gérald, fils de Mathieu d'Userche, place la table de marbre du maître-autel.

1029. Huitième translation. Le 3 août, les reliques de saint Martial sont portées à la cathédrale où siégeait le concile de la province de Bourges. L'apostolat de saint Martial y est solennellement proclamé.

1094. Neuvième translation, occasionnée par le retour de la maladie des Ardents. Les reliques de saint Martial sont portées à Montjauvi, au milieu des reliques des saints de la province transférées en ce lieu.

1095. Le pape Urbain II, accompagné de onze évêques, consacre solennellement l'église de Saint-Martial.

1100. Guillaume, duc d'Aquitaine, prend la croix dans l'église de Saint-Martial.

**1106.** Bohémond, prince d'Antioche, délivré des prisons des infidèles, vient en rendre grâces à saint Martial.

**1122.** Un ruisseau sort de terre près du tombeau de saint Martial.

**1128.** Gaucelin, de Pierre-Buffière, et Adémar, vicomte de Limoges, qui étaient en guerre, se réconcilient et jurent la paix sur le tombeau de saint Martial. Cent chevaliers de chaque parti en font autant devant une foule immense.

**1130.** Le chef de saint Martial, renfermé dans une cassette d'or, est trouvé par Vulgrin, archevêque de Bourges, sous le maître-autel de l'église de Saint-Sauveur où il avait été placé plusieurs années auparavant. Cette invention eut pour témoins Gérard, évêque d'Angoulême, légat du Saint-Siége, et Eustorge, évêque de Limoges. Il est exposé à la vénération publique, et devient l'instrument d'un grand nombre de miracles.

**1130.** Aimeric, évêque de Clermont, attache son anneau d'or à la couronne suspendue au-dessus du tombeau de saint Martial.

**1134.** Pons de Laraze, en Languedoc, vient en pèlerinage à Saint-Martial, en expiation de ses fautes; un an après, il fonde un monastère.

**1137.** Le roi Louis-le-Jeune visite Saint-Martial en se rendant à Bordeaux pour épouser Aliénor. Le prince, accompagné d'une suite nombreuse où l'on remarquait Raoul de Péronne, le comte Thibaud, les abbés Pierre, de Cluny, Suger, de St-Denis, fut reçu avec magnificence dans la ville et dans le monastère par les archevêques de Tours et de Bourges, et l'évêque de Limoges Eustorge, déjà atteint de la maladie dont il mourut; le roi et sa suite campèrent ensuite sur les bords de la Vienne [1].

Pierre de Golsa bâtit près de Lincoln, en Angleterre, l'église de Neuhus, abbaye de l'ordre de Prémontré. Il envoie à Amblard, abbé de Saint-Martial, une lettre où il lui apprend que Dieu a voulu glorifier de plus en plus saint Martial par des miracles, et confirmer la foi de ses moines et de ses voisins. Il demande des reliques de saint-Martial. L'abbé Amblard les refuse pour ne pas les exposer à l'irrévérence dans un si long trajet [2].

**1143.** Les chapelles du château d'Aixe, l'église de Moutier et la terre d'Uzurac sont

---

[1] *Chron. Gaufrid., Vos.,* ap. Labbe, II, 304.
[2] *Monastic. Anglic,* IV, 589.

acquises par l'abbaye de Saint-Martial.

1152. Louis-le-Jeune visite Saint-Martial en compagnie de la reine Aliénor et des archevêques de Bourges et de Bordeaux.

1153. Henri, duc de Normandie, qui plus tard fut roi d'Angleterre, visite avec une grande pompe l'église de Saint-Martial.

1160. Thibaud, comte de Blois, revenant du pèlerinage de Saint-Jacques, est reçu solennellement à St-Martial. Il prie avec attendrissement devant le chef du saint, qu'on lui montre sur sa demande, et fait don de dix marcs d'argent.

1162. Les châsses de saint Vaulry et de saint Pardoux de Guéret sont portées processionnellement à Saint-Martial, à l'occasion de la consécration de l'église de Sainte-Valérie.

1163. Trois chanoines anglais viennent, avec des lettres de recommandation de l'évêque de Lincoln, demander des reliques de saint Martial pour l'abbaye de Neuhus. Ils arrivent pendant la procession de tous les saints. L'abbé Pierre, les larmes aux yeux, prie le peuple de consentir à leur demande. Ils réunissent leurs ferventes supplications aux siennes, et la demande est accordée. Le chef de S. Martial est offert à la vénération publique après l'évangile, et une petite partie des reliques de saint Martial et de sainte Valérie leur est remise dans une belle cassette d'ivoire que leur donne, à cette occasion, Itier de Crosent.

1165. Pierre Raynald, seigneur de Génissac, donne à Saint-Martial une partie de la forêt du même nom. Les moines de cette abbaye y bâtissent un monastère.

1168. Les reliques de saint Martial sont transférées à Grandmont à l'occasion de la consécration de ce monastère.

1174 et 1177. Plusieurs illustres personnages demandent à être ensevelis près de l'église de saint Martial.

1181 Les pauvres, les orphelins, les veuves, les lépreux, munis de cierges par les habitants de Limoges, se rendent processionnellement au tombeau de saint Martial pour solliciter la fin des calamités publiques. On leur fait d'abondantes aumônes [1].

1182. Henri-le-Jeune, roi d'Angleterre, visite Saint-Martial ; il offre au saint Apôtre une riche étoffe où étaient tissus ces mots : *Henricus rex* [2].

[1] *Chron. Gaufrid., Vos., ib.*, pag. 327.
[2] *Id. ib.*, pag. 331.

1182. Pierre, légat du pape, archevêque élu de Bourges, lègue vingt marcs d'argent à saint Martial.

1183. Pendant le siége de Limoges, fait par Henri-le-Vieux, les moines de Saint-Martial, accompagnés du clergé et du peuple, portent processionnellement autour de la ville la châsse de saint Austriclinien et la châsse d'or où avait été renfermé le chef de saint Martial. Le siége est levé.

Henri-le-Jeune s'empare du trésor de Saint-Martial, composé de la table d'or du sépulcre, ornée de cinq images ; de celle du maître-autel, ornée de la figure de Notre-Seigneur, accompagné des douze apôtres, en or très pur ; d'un calice d'or ; d'un vase d'argent d'un merveilleux ouvrage qu'avait donné Arnaud de Montasit ; de la croix de l'autel de saint Pierre et de la moitié de son écrin ; de la châsse de saint Austriclinien ; d'une grande croix du convers Bernard ; le tout pesait cinquante marcs d'or et cent d'argent. Mais ces ravisseurs l'estimèrent vingt-deux mille sols, sans tenir compte, ni de la dorure ni du travail. Le prince s'engagea, par écrit, à rendre cette somme[1].

[1] La transcription de Labbe laisse un sens dou-

1184. Henri-le-Jeune meurt à Martel. Par son testament, écrit en cette ville, il supplie son père de restituer à Saint-Martial le trésor qu'il a ravi et dissipé. Il veut que son corps soit porté à Limoges; que, en réparation de sa faute, ses yeux, ses entrailles et son cerveau soient jetés (*projici*) devant le tombeau du saint Apôtre, et que son corps y demeure en dépôt jusqu'à ce que la restitution ait été accomplie [1].

1194. L'abbé Isembert prend dans le trésor de Saint-Martial cinquante-cinq marcs d'argent qu'il donne au roi Richard pour les frais de la croisade.

Pour la rançon du même prince, retenu en captivité, Isembert donne cinquante marcs du trésor et y ajoute pareille somme, imputable sur ses biens personnels.

teux à un passage de ce récit : *Cum cruce magna Bernardi conversi qui fuit Ostalers* (sic), pag. 336.

[1] *Gaufrid., Vos., ubi suprà,* pag. 339.

## CHAPITRE III.

### Ostensions et pèlerinages.
(suite).

1203. On achève le chœur de St-Martial.

1206. On agrandit la chapelle du sépulcre et on y place des portes en fer qui coûtent sept livres.

On renouvelle la châsse du chef de saint Martial : Chatard, habile orfèvre, donne une coupe d'argent pour conserver l'Eucharistie.

On fait une ostension solennelle du chef de saint Martial. Le lendemain, on trouva dans le vieux tronc de l'église treize marcs d'argent, et dans l'urne un magnifique joyau. Les veuves prennent l'habitude de donner au Saint leurs anneaux et bijoux.

1207. Garinus, chevalier de Thouars, met dans l'urne d'or un saphir monté en or.

1209. Luc de Saint-Hilaire commence à édifier l'hôpital ou hôtellerie de St-Martial. Six mille sols sont consacrés à cette construction.

**1211.** Achèvement de l'hospice de Saint-Martial, 30 novembre. Ostension solennelle du chef de saint Martial. Bernard Itier, moine et bibliothécaire, se glorifie d'avoir été député pour montrer ce précieux chef au peuple. Le lendemain, on trouve dans le vieux tronc de St-Sauveur treize marcs d'or et autant d'argent. Pour la première fois, le mot *Ostension* est employé dans notre histoire. Sur la fin de l'année, le précieux chef est montré de nouveau à Conrad, légat contre les Albigeois, et à huit évêques.

**1212.** Guy, vicomte de Limoges, donne à Saint-Martial quarante-trois sols de rente. Aymeric Brunl, chevalier, donne cinquante sols pour le luminaire du sépulcre.

Albéric, archevêque de Reims, dit une messe basse au sépulcre de saint Martial; il y prononce, à cette occasion, un fort beau panégyrique du saint.

On orne le sépulcre de saint Martial d'azur et de deux cent trois étoiles d'or, qui coûtèrent vingt livres et cinquante sols.

Etablissement dans l'église de St-Sauveur d'une frairie de la Sainte-Vierge. Une lampe devait brûler, nuit et jour, devant son image.

**1213.** Inondation à Limoges; la chapelle

du sépulcre de Saint-Martial étant menacée, la foule accourut et arrêta l'invasion de l'eau. Pendant le tumulte, un voleur déroba deux petites nacelles d'argent, suspendues au devant du tombeau.

1214. Louis, fils de Philippe-Auguste, depuis roi sous le nom de Louis VIII, fait ses dévotions à Saint-Martial.

Robert de Corzo, légat anglais de nation, prêche avec succès la croisade dans l'église de Saint-Martial.

1215. Bernard de Born ajoute un cierge aux sept qui brûlaient continuellement devant le tombeau de saint Martial.

On commence dans ce monastère à fêter solennellement la conception de la Sainte-Vierge.

1218. Caturscin, prieur de Grandmont, et quarante clercs, chassés par les convers, se réfugient à Saint-Martial. Ce dernier monastère comptait alors deux cents religieux.

1220. Visite de l'abbé de Cluny.

1224. Défense de porter, sans une nécessité urgente, à la procession des Rameaux, la châsse d'or de saint Martial.

1230. Raymond, comte de Toulouse, visite Saint-Martial.

1243 (27 avril). Saint Louis, accompagné

de sa mère, Blanche de Castille, et de trois de ses frères, vient en pèlerinage à Saint-Martial. Il se rend de là à Rocamadour.

**1248** (1er juin). On commence à bâtir le cloître : l'architecte se nommait G. Raffard. L'aile du côté du chapitre coûta seize mille sols ; l'aile opposée, du côté du monastère, vingt mille ; la troisième, du côté du cellier, huit mille ; la quatrième, contiguë au réfectoire, six mille, le tout, sans comprendre les vitres. L'ouvrage, vivement poussé, fut terminé en treize mois.

**1265.** Les chanoines de la cathédrale consacrent à l'exécution d'une image de saint Martial le prix d'une amende de cent livres tournois qui leur avait été adjugée.

**1272.** Le 20 juin, le roi Philippe, revenant de Toulouse, visite Saint-Martial et tient sa cour dans le monastère.

**1273.** La femme d'Édouard, roi d'Angleterre, visite Saint-Martial et loge dans l'abbaye.

**1274.** Le roi Édouard visite Saint-Martial.

**1284.** Le roi de France, Philippe, et ses deux fils, Philippe, roi de Navarre, et Charles, roi d'Arragon, accompagné du légat du pape, visitent St-Martial et sont hébergés pendant huit jours dans le monastère.

1285. Simon, archevêque de Bourges, visite Saint-Martial [1].

1286. Ostension.

1290. Ostension. Les bourgeois de Cahors représentent publiquement dans le cimetière de l'abbaye un *jeu* des miracles de saint Martial.

1300. Ostension.

1302. Les bourgeois de Cahors viennent pour la seconde fois, dans l'enclos du monastère, représenter les miracles de saint Martial.

1306. Le pape Clément V étant à Limoges, visite le corps de saint Martial. Il prend le chef entre ses mains et le baise en versant des larmes [2].

1307. Jacques, roi de Majorque, visite Saint-Martial.

1308. Ostension.

1347. Diverses calamités publiques engagent les Limousins à recourir solennellement à l'intercession de saint Martial. On porte son chef à Montjauvi.

1349. Charles, frère de Philippe, roi de

[1] Sur cette visite intéressante à divers titres, Cs. Baluze, *Miscell.*, T. IV, 293.
[2] Guidonis, ap. Martène, *Ampliss.*, coll., T. VI, 169.

France et comte de la Marche, coucha à Saint-Martial ; il ne visita point le saint, ce qui était inouï.

1321. Guy de Pierre-Buffière élit, par testament, sa sépulture devant le sépulcre de S. Martial, et fait une fondation à cette fin.

1343. Le pape Clément VI donne une bulle par laquelle il accorde des indulgences pour le temps de l'ostension.

1360. Les consuls de Limoges écrivent à plusieurs cardinaux limousins pour obtenir la confirmation de la grande frairie de Saint-Martial. Précédemment, cette pieuse association avait eu plusieurs priviléges de Jean-Sans-Terre, roi d'Angleterre, et ses statuts avaient été approuvées en 1356, par l'official. Le pape accorde la demande et y ajoute des indulgences.

1363. Ostension extraordinaire faite à l'occasion de la visite du prince de Galles, duc d'Aquitaine. Le concours des populations est immense, et douze personnes sont étouffées dans la foule.

1369. Conformément à ses dernières volontés, le cardinal Guillaume-d'Arfeuille est enseveli dans un magnifique tombeau près du chœur de l'église de Saint-Martial ; le pape Grégoire XI donne une bulle pour permettre à l'abbé et aux moines de Saint-Martial de nommer deux pénitenciers auxquels il accorde, pour quinze jours, au temps de l'ostension, les pouvoirs des pénitenciers mineurs de l'Eglise romaine.

1376. Le même pontife, par une nouvelle bulle, ajoute quatorze jours aux quinze déjà accordés.

1378. Ce grand pape donne à St-Martial un buste représentant le saint Apôtre, qu'il avait fait exécuter à Avignon. Ce précieux reliquaire, en argent émaillé, pesait plus de sept cents marcs; il renfermait des coupes d'or où était déposé le chef de saint Martial. Ces coupes, conservées jusqu'en 1791, portaient les armes du souverain Pontife, ciselées au-dessus de l'inscription suivante : *P. P. Gregori donet aquestas coppas lan m ccc lxxviii B vidal ma f* [1].

1384. Le cardinal de Mende est enseveli à Saint-Martial en un magnifique tombeau.

1388 et 1399. Ostensions.

1401. Procession générale, dans laquelle on porte le chef de saint Martial.

1404. Ostension.

---

[1] Nous avons publié une autre transcription où se voit la date 1380 ; ce chiffre ne saurait guère se concilier avec l'époque de la mort de Grégoire XI

La même année, on fait une procession générale avec le chef de saint Martial pour obtenir la cessation des calamités publiques ; une inondation générale avait désolé l'Aquitaine. A Limoges, le setier de froment se vendait vingt sols et celui de seigle treize sols.

1408. Ostension.

1423. Barthélemy Audier, abbé de Saint-Martial, adresse des lettres-patentes à tous les archevêques, évêques et abbés de la chrétienté, pour leur annoncer l'ostension solennelle qui devait avoir lieu l'année suivante. Bonaventure de Saint-Amable en a donné le texte dans le second volume de son *Histoire de saint Martial*. L'original de ces lettres, orné de magnifiques miniatures sur vélin, est conservé aux archives de la Haute-Vienne.

1424. Ostension.

1431. Le pape Eugène IV donne une bulle en faveur de l'ostension du chef de saint Martial. Il accorde une indulgence de trois ans et trois quarantaines à tous les fidèles qui, contrits et confessés, visiteront l'église de Saint-Martial le premier et le dernier jour de l'ostension.

1435. Ostension. Marie, reine de France,

épouse de Charles VII, vient en pèlerinage à Saint-Martial. On commence, cette année, la célèbre procession du mardi de Pâques, où la châsse du saint Apôtre est portée par des hommes en chemise et les pieds nus, au milieu d'un grand concours de fidèles.

1438. Le roi Charles VII et Louis, dauphin, son fils, visitent Saint-Martial. La relation de leur réception à Limoges a été traduite d'un auteur du temps, et publiée par l'abbé Legros dans la *Feuille hebdomadaire* de 1776.

1440. Pierre de Beaufort, comte de Turenne, visite Saint-Martial et rend hommage à l'abbé.

1442. Le roi de France, accompagné de la reine, de vingt dames et de cent hommes d'armes à cheval, visite Saint-Martial.

1445 et 1458. Ostensions.

1462. Le roi Louis XI, son frère le duc de Berri et plusieurs autres princes, visitent Saint-Martial.

1464. Ostension.

1481. Sur la demande du roi Louis XI, on fait une procession solennelle avec les reliques de saint Martial, pour obtenir de Dieu une bonne récolte en blé, dont le besoin était fort grand.

**1482.** Une épidémie de fièvre chaude chasse les habitants de Limoges. Dix-huit moines demeurent dans l'abbaye pour célébrer l'office divin et garder les reliques de saint Martial.

**1494.** Sainte Jeanne de Valois, fille, sœur et femme de rois de France, vient en pèlerinage à Saint-Martial avec une grande compagnie. Elle manifeste la plus tendre dévotion au saint Apôtre.

**1496.** Ostension. L'abbé Jouviond fait exécuter, par l'argentier Pierre Verrier, une cassette d'argent doré, destinée à renfermer le chef de S. Martial. On y consacre douze marcs d'argent et trois onces huit deniers d'or.

**1504 et 1510.** Ostensions.

**1512.** Charles, duc de Bourbon, comte de la Marche, et son frère, visitent St-Martial; sur la demande du prince on fait une ostension extraordinaire.

**1517.** Louis de Carrette, évêque de Cahors, donne un mandement par lequel il ordonne aux abbés prieurs et autres prêtres ayant charge d'âmes, d'assembler leurs peuples les jours de fête, pour leur faire entendre le récit des miracles de saint Martial, et leur exposer les faveurs spirituelles accordées par les papes; il exhorte ses diocésains à faire l'aumône pour l'entretien de l'hôpital de Saint-Martial, et accorde quarante jours d'indulgence aux bienfaiteurs.

1519 et 1525. Ostensions.

1529. Henri, roi de Navarre, visite St-Martial.

1530. Pour obtenir la cessation des pluies, on fait une procession solennelle avec la châsse de saint Martial.

1533. Ostension. La reconnaissance publique attribue à l'intercession de S. Martial le retour du beau temps qui se déclara à l'ouverture de cette cérémonie. Le prix du blé diminua. Miracles nombreux. L'ostension est fixée à chaque 7e année, et son retour coïncide avec celui des ostensions de Trèves.

1535. A la demande du roi François Ier et de l'abbé Mathieu Jouviond, l'abbaye de St-Martial est sécularisée et les moines sont transformés en chanoines. Ce changement fut mal accueilli par le peuple. Plusieurs moines se montrèrent opposants, et l'un d'eux garda son habit monastique jusqu'à sa mort. La ruine des bâtiments magnifiques construits au XIIIe siècle et la dispersion d'une des plus riches bibliothèques du monde furent la conséquence de cette transformation.

**1542.** Ostension extraordinaire, pour les gens de justice tenant les grands jours à Limoges. Pour obtenir la paix on fait une procession générale avec le chef de saint Martial.

**1547.** La peste ou contagion qui désolait Limoges empêche de faire l'ostension.

**1554.** En cette année eut lieu l'ostension qu'un écrit du temps appelle *le Pardon de M. Saint-Martial*. Elle dura sept semaines, et se termina le 15 mai.

**1556.** Antoine de Bourbon, roi de Navarre, et Jeanne d'Albret, vicomtesse de Limoges, visitent Saint-Martial.

**1559.** On fait une procession solennelle des reliques de saint Martial en action de grâces de la paix. La même année, les protestants tentent en vain de s'introduire à Limoges.

**1561.** Ostension.

**1562.** Pendant la procession du mardi de Pâques, devant la Croix neuve, une pierre est jetée sur la châsse de saint Martial. Cet attentat d'un protestant émeut vivement la foule. La maison d'où la pierre était partie est saccagée.

**1563.** Les consuls ayant obtenu du roi la permission de vendre l'argenterie des principales églises de Limoges, pour payer les dépenses faites à l'occasion de la garde de la ville, prennent une grande image d'argent appelée le joyau, et placée au-dessus du maître-autel de Saint-Martial ; ils enlèvent aussi du sépulcre les images d'or des apôtres. Le tout est mis en pièces et distribué aux habitants, qui en font l'acquisition comme de choses vénérables. Une maladie contagieuse éclate dans la ville de Limoges à la suite de cette appropriation sacrilége, et elle en est considérée comme le châtiment. Selon les chroniques manuscrites, le nombre des morts, dans la ville seule, s'éleva en quelques semaines à trente-six mille, sans y comprendre les décès survenus dans la cité. Le Père Bonaventure de St-Amable réduit ce nombre à cinq ou six mille pour chacune des moitiés de la ville.

1564. Jeanne d'Albret, vicomtesse de Limoges, fait prêcher le protestantisme à Limoges. A cette fin, elle enlève de St-Martial une chaire que les chanoines ne veulent pas reprendre. Sur leur refus, les protestants la font brûler. Ce fait a donné lieu à une caricature populaire, peinte sur verre. La protectrice des Huguenots y est représentée prêchant elle-même. Au bas du petit vitrail, on lit : *Mal sont les gens endoctrinés quand par femme sont sermonés.*

1569. L'ostension, retardée par les troubles de l'année précédente, a lieu. La reine-mère, présente à Limoges, visite et vénère le chef de saint Martial.

1575. Ostension.

1577. Le duc d'Alençon, frère du roi, visite solennellement Saint-Martial.

1582 et 1589. Ostensions.

1594. Pour obtenir la cessation d'une pluie torrentielle qui tombait depuis 40 jours, on fait, le 31 juillet, une procession solennelle avec la châsse de saint Martial. Les vœux des fidèles sont exaucés.

16 octobre. Autre procession générale pour la préservation de la ville.

1596. Ostension. Le baron de Salaignac, lieutenant du roi pour la province, visite Saint-Martial. Les chanoines de Saint-Léonard et de Saint-Germain viennent en procession à Limoges.

1597. Le duc d'Épernon, gouverneur du Limousin, visite Saint-Martial.

1598. Sur la demande de Jean Colin et de Jean Chambinaud, bailes de la confrérie du Sépulcre de saint Martial, le parlement de Bordeaux condamne Léonard Cluseau, abbé de Saint-Martial, à maintenir un prêtre gardien du sépulcre et des reliques, à faire célébrer chaque jour dans ledit sépulcre une messe chantée à quatre heures du matin en été et à cinq heures en hiver, et à entretenir, jour et nuit, sept cierges allumés devant le tombeau du saint Apôtre. Cet abbé avait voulu s'affranchir de ces charges, déjà fort anciennes au temps où il vivait. L'arrêt fut gravé sur une plaque de cuivre placée dans l'église du sépulcre.

1603. Ostension.

1605. Le 20 octobre, le roi Henri IV visite Saint-Martial avec un grand appareil. On lui montre le chef du saint, qu'il baise plusieurs fois, et auquel il fait toucher sa croix et son chapelet.

1610 et 1617. Ostensions.

1620. Le 14 octobre, Henri de Bourbon, prince de Condé, rendu à la liberté, vient en pèlerinage à Saint-Martial. On lui montre le chef du saint, qu'il n'ose toucher de ses lèvres, retenu par un sentiment de respect et d'humilité.

1624. Ostension ; la clôture se fait en présence de Henri, comte de Schomberg, gouverneur du Limousin.

1631. Ostension. Un enfant de dix ans,

muet et paralytique, recouvre la santé et la voix en baisant le chef de saint Martial.

**1632.** Le roi Louis XIII visite St-Martial.

**1634.** Le duc de Ventadour, gouverneur du Limousin, visite Saint-Martial.

**1638. Ostension.** *L'abbé Bandel fait imprimer son Traité de la dévotion des anciens chrétiens à saint Martial.* A la même époque, est publié le plus ancien livret de prières connu. Il est adjoint en ce volume au Traité de Bandel.

**1642 (8 juillet).** Procession générale avec la châsse de saint Martial, pour obtenir la cessation de la pluie qui compromettait les récoltes. Le même jour, on vit un temps calme et serein.

**1645. Ostension.** Deux aveugles recouvrent la vue par l'intercession de saint Martial. L'un d'eux, paralysé, avait été porté de Nedde; l'autre était, depuis trois ans, pensionnaire de l'hôpital Saint-Gérald. Il resta au service de la basilique. On songe à faire une nouvelle châsse d'argent doré pour les reliques de saint Martial. Le chapitre de Saint-Martial donne les offrandes reçues pendant l'ostension. Elles s'élevaient, en bagues, croix et autres bijoux, à cinq cent soixante-neuf livres neuf sols, et, en argent, à quatre cent soixante livres. La vente de l'ancienne châsse d'argent, du poids de quarante-sept marcs, et des collectes, permirent de payer la châsse neuve, dont le prix s'éleva à sept mille quatre cent soixante-douze livres. Cette châsse représentait en relief plusieurs traits de la vie de saint Martial. Elle avait été exécutée à Paris par les orfèvres Claude de Villiers et Pierre Célière. Ce dernier était originaire de Limoges.

8 août. Procession des reliques de saint Martial pour obtenir de la pluie.

1652 et 1659. Ostensions.

1660. Par lettres-patentes du mois de décembre, l'hôpital de Saint-Martial est uni à l'hôpital général de Saint-Alexis. La première de ces maisons avait des rentes pour trois cents lits. Une partie de son emplacement, après avoir été occupée par l'hôtel des Monnaies, est présentement consacrée à des fourneaux économiques. On y voit de belles colonnes en granit rose, qui semblent les restes de constructions d'une grande magnificence.

1663 (8 juillet). Procession des reliques de St-Martial pour obtenir du beau temps. Dès ce jour, le ciel devient calme et serein.

1666 et 1673. Ostensions.

1674 (28 juillet). Procession générale des reliques de saint Martial pour obtenir du beau temps. Le ciel recouvre à l'instant sa sérénité.

1675 (11 juillet). Même procession dans le même but. Le temps se mit au beau le même jour.

1678 (29 août). Procession pour obtenir de la pluie.

1680. Ostension.

1683 (30 août). Procession pour obtenir de la pluie.

1687. Ostension.

1692 (30 juin). Procession pour obtenir la cessation de la pluie.

1694, 1701 et 1708. Ostensions.

1715. Ostension. Publication par un anonyme d'un *Petit Traité de la Dévotion au glorieux sépulcre de saint Martial*. Ce livre est dédié à Jean-Charles de Taillefer de Barrière, soixantième abbé de St-Martial.

1722 et 1729. Ostensions.

1731 (12 août)  
1732 (6 juillet) } Processions pour obtenir du beau temps.  
1735 (10 juillet)

1736. Ostension.

1738 (7 juillet). procession pour obtenir du beau temps.

1743. Ostension.

1744. Mgr de Larochefoucauld, archevêque de Bourges, visite Saint-Martial.

1751, 1758, 1765 et 1771. Ostensions.

1772. Mgr d'Herbaut, archevêque de Bourges, visite Saint-Martial.

1778. Ostension.

1781. Ostension extraordinaire à l'occasion de la naissance du Dauphin.

1785. Dernière ostension du xviii° siècle.

1789 (2 août). Procession générale pour obtenir du beau temps. Le clergé, les ordres religieux et les confréries, accompagnés par la milice bourgeoise, se rendent à Saint-Martial. Le setier de froment, du poids de quatre-vingts livres, se vendait dix livres à Limoges.

1790. L'abbaye de Saint-Martial, déclarée propriété nationale, est mise en vente.

6 septembre, à sept heures du soir, se déclare à Limoges un violent incendie qui dure plusieurs jours, et réduit en cendres deux cent sept maisons. On fait une procession solennelle avec la châsse de S. Martial, et le feu s'arrête au moment où il allait atteindre la rue de la Boucherie, dont la ruine eût amené la destruction de la ville entière.

Décembre. L'église de Saint-Martial dévant être détruite, on transfère solennellement à Saint-Michel-des-Lions la châsse renfermant les reliques de saint Martial. Pour prévenir les troubles qu'on avait à craindre, on avait fait prendre les armes au régiment de Royal-Navarre, en garnison à Limoges, et à la garde nationale. La veille, le commandant de ce dernier corps avait coupé lui-même les cordes des cloches. Malgré ces précautions, la translation s'opéra au milieu de l'émotion d'une foule immense. L'attendrissement était général, et, pour prévenir de grands malheurs, le clergé dut, à plusieurs reprises, faire appel aux sentiments religieux de la population. Le trouble cependant fut grand, et un homme fut blessé.

1791. L'architecte en titre de l'abbaye de Saint-Martial étant devenu acquéreur des matériaux à provenir de cet édifice, en commence la démolition [1]. L'abbaye de Saint-Martial comprenait alors l'église de Saint-Martial proprement dite, en style roman, avec des additions gothiques aux transepts et à l'abside. Cette église, longue de trois cent trois pieds et large de cent douze pieds,

---

[1] Ces faits sont extraits des procès-verbaux authentiques des autorités révolutionnaires.

était flanquée au nord d'une église souterraine beaucoup plus ancienne, nommée St-Pierre-du-Sépulcre, où se trouvait le tombeau de saint Martial. Parallèlement à cette église, et sur son flanc gauche, s'élevait une troisième église dite de Saint-Benoît, ou de la Grande-Confrérie, dont la construction remontait au xiii° siècle. Ce dernier édifice avait cent pieds de long. L'église de Saint-Pierre-du-Sépulcre, qui le séparait de l'église principale, se développait, en y comprenant la crypte de Tève-le-Duc, sur une longueur de cent quatre-vingt-six pieds. Un cloître de la plus rare beauté, et deux vastes salles gothiques voûtées en ogive, restes des magnifiques bâtiments monastiques construits au xiii° siècle par l'architecte G. Raffart, s'élevaient au nord. L'histoire, la religion et l'art déploreront à jamais la perte de ce monument, berceau de la foi de l'Aquitaine tout entière. (*Voy. à l'appendice une courte description de ce monastère.*)

Août. La destruction commence par le bris des cloches. Elles étaient au nombre de neuf, et, selon les procès-verbaux du temps, elles pesaient vingt-cinq mille deux cent trente-deux livres.

1792. La démolition de l'abbaye de Saint-

Martial continue cette année et les années suivantes.

**1793. 24 janvier (5 pluviôse an II).** Guillaume Imbert, *dit* Lunette, et Jean-Baptiste Robert, orfèvre, officiers municipaux, sont délégués pour procéder à la dépouille des églises du culte catholique de la ville de Limoges, et pour détruire les reliques qui y étaient vénérées. Ils se rendent à St-Michel-des-Lions, brisent les châsses de saint Martial et de saint Loup, et enlèvent les bas-reliefs d'argent dont elles étaient revêtues. Les chefs du saint Apôtre et de son successeur sont jetés sans aucun respect dans un coin de la sacristie. En ce moment, Dieu toucha le cœur de Jean-Baptiste Robert [1]. Profitant de la confusion occasionnée par la dévastation de l'église et par la collecte des objets en métaux précieux, il enleva la mâchoire inférieure du chef de saint Martial, et la porta clandestinement dans sa maison

[1] On appréciera la réserve que nous avons mise à publier des noms propres, lorsque la participation à des faits révolutionnaires pouvait les rendre odieux. Ici nous devons et nous pouvons être plus explicite; les faits que nous publions ont été insérés déjà en divers opuscules; le repentir et une action généreuse ont noblement réparé des erreurs trop générales en ces temps de sinistre mémoire.

située à quelques pas de l'église, au haut de la rue du Clocher. N'osant pas prendre en ce moment le chef lui-même, dont le volume aurait pu le trahir, il le cacha dans des ornements sacerdotaux, confusément jetés çà et là, se proposant de revenir le chercher plus tard. Pendant son absence, et à son insu, Guillaume Imbert, mu par une inspiration semblable, prit le chef de saint Martial, et, le cachant sous sa houppelande, il le transporta en toute hâte dans sa maison. Jean-Baptiste Robert survint en ce moment pour prendre la précieuse relique, et grande fut sa stupéfaction de ne pas la retrouver. Mais la prudence lui ferma la bouche, et il ne fit part qu'à sa femme et à un petit nombre d'intimes de son désappointement.

1803. 30 juin (11 messidor an XI). Les deux parties du chef de saint Martial sont restituées à l'autorité ecclésiastique : une enquête sévère, dont nous parlerons plus loin, en établit l'authenticité.

1806. La grande frérie de Saint-Martial, récemment reconstituée, célèbre avec éclat l'ostension de cette année.

1813 et 1820. Ostensions.

1827. Ostension. Mgr de Tournefort, évêque de Limoges, défend de représenter, dans les processions des ostensions, des personnages de l'Ancien et du Nouveau-Testament.

1834. Ostension.

1837. On bâtit un théâtre sur une partie de l'emplacement occupé par l'église de St-Martial; les fouilles exécutées à cette occasion font retrouver un grand nombre de tombeaux historiques, et, entre autres, celui du chantre Roger, oncle de l'historien Adémar de Chabanes, enseveli en 1025.

Dans le cours de l'exécution des travaux, les murs du nouveau théâtre se lézardent et surplombent. Il faut les reconstruire sur une longueur de quarante-cinq pieds. L'aplomb n'a pas été entièrement rétabli.

1841 et 1848. Ostensions.

1853 (3 juillet). Pose de la première pierre d'une église dédiée à saint Martial, à Landouge, banlieue de Limoges, paroisse de Saint-Michel-des-Lions.

8 août. La congrégation des Rites permet d'honorer saint Martial du titre et de l'office d'apôtre.

1855. Ostension.

1857 (6 décembre). La nouvelle église dédiée à saint Martial est bénite par M. Vénassier, curé de St-Michel-des-Lions, et forme une nouvelle paroisse.

## CHAPITRE IV.

### Conclusion.

On a entendu le témoignage des siècles. Tour à tour ils sont venus attester le soin religieux, la vénération affectueuse, le culte fervent dont nos ancêtres environnaient les reliques du saint Apôtre de l'Aquitaine. C'est sous la triple garde de ces sentiments encore pleins de puissance, que ces restes vénérables sont arrivés jusqu'à nous. La révolution exceptée, la critique la plus sceptique et la plus railleuse ne peut trouver place pour poser un doute. On sait qu'avant cette époque, comme depuis le rétablissement du culte, les reliques de saint Martial avaient une garde d'honneur dans la grande Confrérie établie sous son patronage près de son tombeau. Cette association avait à cœur de maintenir allumées, nuit et jour, les sept lampes qui brûlaient dans la chapelle du sépulcre; on la vit, pour empêcher le retranchement d'un cierge, poursuivre un procès jusqu'au parlement de Bordeaux ; que n'aurait-elle pas fait au moindre déplacement qui eût mis en péril les reliques de saint Martial ? Au xvi° siècle, le protestantisme tenta vainement de s'implanter à Limoges ; il put briser quelques pieuses images et jeter une pierre sur la châsse de saint Martial ; à ces exploits se bornèrent ses succès. Avant cette confrérie et à ses côtés, la vigilance des moines et des chanoines qui leur succédèrent ne fut ni moins attentive ni moins persévérante. On a vu plus haut la date des translations nombreuses inspirées par la crainte de voir les Normands attenter à ce pieux dépôt. On remarquera aussi que, depuis un temps immémorial, les reliques de saint Martial ne pouvaient sortir de leur asile sans le concours des quatre autorités auxquelles étaient remises les quatre clefs de la quadruple serrure qui en fermait l'accès.

La révolution triompha. La Providence, qui a voulu sauver pour notre piété ces restes vénérables, a pris, ce semble, un surcroît de précautions, afin que leur authenticité, maintenue à travers ces temps de deuil, parût à tous évidente et incontestable. L'analyse de l'enquête rigoureuse faite par l'autorité ecclésiastique en 1803, dont les procès-verbaux sont conservés aux archives de l'évêché, donnera satisfaction aux esprits les plus difficiles.

C'était le 24 janvier 1793. L'église paroissiale de Saint-Michel-des-Lions allait être pillée et dévastée. La commission municipale avait délégué quelques-uns de ses membres pour procéder à l'enlèvement des métaux précieux ou vulgaires et à la destruction des reliques. Les châsses de S. Martial et de S. Loup avaient été brisées; les vêtements sacerdotaux, dépouillés de leurs orfrois et de leurs galons d'or et d'argent, jonchaient le sol de la sacristie ; les ossements des saints y avaient été jetés sans respect. Au milieu de ce désordre et de ce trouble, un sentiment de terreur et de tristesse profonde planait sur les assistants, qui faisaient de vains efforts pour lui échapper en s'étourdissant. Les cœurs en apparence les plus pervers étaient émus, et la grâce en toucha deux dans le nombre. L'orfèvre Jean-Baptiste Robert, l'un des commissaires présents, déroba la mâchoire de S. Martial avec plusieurs autres reliques d'un petit volume, et les porta dans sa maison, sise au haut de la rue du Clocher. Il fit part de cette action courageuse à sa femme, personne d'une grande piété. Sur-le-champ, aidée de sa sœur, elle plaça ces reliques dans une armoire de pierre, située dans une petite chambre au haut de sa maison. Elle en dissimula l'ouverture au moyen d'une maçonnerie en briques qu'elle exécuta elle-même, et elle en voila la forme extérieure en y adaptant une tapisserie. C'est en cet état que se montrèrent les lieux lorsque, sur les révélations de Robert, Mgr Dubourg, évêque de Limoges, s'y transporta pour faire opérer la démolition de la clôture en briques, le 13 juin 1803.

Nous avons dit plus haut que Jean-Baptiste Robert avait voulu s'occuper de sauver le reste du chef de saint Martial; mais qu'à son retour dans la sacristie, il ne le trouva plus sous les étoffes dont il l'avait couvert pour le dérober à la vue.

D'autre part, Guillaume Imbert aîné, autre commissaire municipal, clandestinement et à l'insu de son collègue, avait enlevé la partie supérieure du chef de saint Martial; après l'avoir couvert d'un linge doublé d'une étoffe de soie rouge, il l'avait transporté dans sa maison. Près de mourir à Paris, vers la fin de 1802, il écrivit à son frère Jean-Guillaume Imbert, pour le prier d'opérer la restitution de la sainte relique, à la condition que son église paroissiale de St-Michel-des-Lions en resterait à jamais dépositaire.

Voilà donc deux ouvriers de destruction qui, sans se concerter et à l'insu l'un de l'autre, mus par une inspiration semblable, sauvent séparément les deux parties du chef de saint Martial, dont le rapprochement suffirait pour établir l'authenticité.

Ces faits furent rapportés sous la foi du serment par Jean-Baptiste Robert, Jean-Guillaume Imbert, frère de Guillaume, et la dame Trézières, à laquelle, longtemps auparavant, avait été confié par Guillaume Imbert le secret de la conservation du chef de saint Martial.

Ces témoignages, déjà si concluants, ne furent pas trouvés suffisants par l'autorité ecclésiastique. Toutes les personnes qui avaient eu l'occasion de voir et de manier le chef de saint Martial, dans les diverses ostensions antérieures à la révolution, comparurent devant elle et furent interrogées sous la foi du serment. C'est ainsi que furent entendus MM. Dumasneuf, syndic-fabricien de St-Michel; Joseph Cramouzaud, ancien chanoine de Saint-Martial; Siméon Nicolas, ancien chanoine; Joseph-Jacques Juge, ancien avocat du roi; Claude Lesme, orfèvre qui avait réparé les coupes contenant le chef; François Reculès, ancien bénéficier de Saint-Martial, alors curé de Solignac; Martial Legros, chanoine de la cathédrale, ancien bénéficier de St-Martial; Jean-François de David des Renaudies; Léonard Dalesme, ancien chanoine de St-Martial; Pierre Chapoulaud, chanoine de la cathédrale; François Bullat, vicaire de St-Pierre; Martin de Compreignac, ancien chanoine de St-Martial. Tous ces témoins déposèrent avant d'avoir vu la sainte relique récemment retrouvée. Ils furent unanimes à déclarer qu'ayant vu et manié, presque tous plusieurs fois, le chef de saint Martial, ils le reconnaîtraient aux caractères suivants :

1° Il était allongé de la partie antérieure à la partie postérieure de la tête, brillant, de couleur brune ou de *coco*, avec quelques taches plus foncées ;

2° Au sommet se remarquait une ligne ou veine d'une couleur plus claire ;

3° Enfin, les tempes étaient étroites et déprimées beaucoup plus qu'il n'est ordinaire en notre pays. Tous ces renseignements furent donnés en termes différents pour la forme, et entièrement concordants pour le fond [1]. Le nombre des dents et quelques légères fractures latérales, furent aussi l'occasion de remarques concluantes.

Le chef, montré ensuite à tous ces témoins, fut unanimement reconnu par eux.

Les deux parties, sauvées par deux voies différentes, s'adaptèrent parfaitement l'une à l'autre.

Une dent, enlevée plusieurs années auparavant et donnée à l'abbé Vitrac, trouva sa place exacte dans une alvéole moulée sur sa forme.

La démonstration était complète. L'église de Saint-Michel-des-Lions était rentrée en possession du chef de saint Martial.

La joie que cette restitution donna aux fidèles fut expansive, immense, universelle. Pour la comprendre, à cinquante-cinq ans d'intervalle, il faut par la pensée se reporter aux temps et aux lieux où s'accomplissait

---

[1] Ainsi, l'abbé Legros, au lieu de se servir de la comparaison de *coco* pour caractériser la couleur du chef de saint Martial, dit qu'il était de couleur de café. Nous notons ce détail malgré sa trivialité.

cet événement. Une main puissante rétablissait l'ordre en France. Les églises, profanées et fermées, se rouvraient à la douleur, à la reconnaissance et à la prière. Les besoins des cœurs religieux si longtemps comprimés, reprenaient leur empire avec un élan proportionné à la violence qui les avait retenus captifs. Saint Martial, le fondateur de la foi en notre province, semblait reparaître comme pour consacrer la restauration du culte qu'il y avait établi. La pensée des luttes douloureuses des âges primitifs de l'Église s'alliait au souvenir des persécutions de la veille. Tout était émotion et bonheur.

On aura quelque idée de la disposition des esprits, si l'on se rappelle la puissance des traditions en notre province. On n'avait pas encore ce goût et cette facilité de déplacement qui, avant peu, auront fait disparaître tout caractère d'indépendance et d'originalité. L'habitude de s'élever constamment et toujours aux idées générales de la politique universelle, ne régnait pas encore sur tous les esprits. On vivait plus près de sa ville natale, de ses affections et de ses souvenirs domestiques.

Un écrivain, dont la forme inculte a trop

fait déprécier les immenses services, était établi au foyer de chaque maison. Les trois volumes du P. Bonaventure de St-Amable, consacrés à saint Martial, étaient populaires. Il y avait peu de familles anciennes, de bourgeois ou d'artisans, riches ou pauvres, où on ne les rencontrât, où ils ne fournissent un sujet habituel de lectures et d'entretiens.

Sous ces influences diverses, la grande confrérie de St-Martial se reconstitua près de ses reliques. Quelques années plus tard, elle fit exécuter à Lyon une châsse en cuivre doré ; l'autel où repose le chef vénérable fut approprié à sa destination, et reçut divers embellissements comme on savait les faire alors. Tous ces travaux étaient considérables pour le temps où ils s'accomplirent : les trouverait-on suffisants aujourd'hui ?

Que la respectable confrérie de St-Martial, où nous nous faisons gloire d'avoir compté des parents, et dont nous avons toujours admiré le zèle fervent et désintéressé, nous permette d'exprimer notre pensée tout entière.

Le vénérable et digne pasteur de St-Michel, à qui cette église doit des embellissements de si bon goût, l'administration de la fabrique qui l'a secondé avec une intelligenre rare et éprouvée, apprécieront les motifs qui nous inspirent.

L'église catholique, par la voie des Souverains-Pontifes et des conciles, a travaillé à plusieurs reprises à accroître la gloire du culte rendu à saint Martial. Chaque manifestation de ce genre a toujours eu une traduction matérielle en des embellissements artistiques. En proclamant l'apostolat de saint Martial, en dotant son tombeau de faveurs spirituelles sans cesse agrandies, les conciles, les Souverains-Pontifes inspiraient l'exécution d'œuvres d'art nouvelles. Les monuments, nous l'avons dit ailleurs, sont le corps des idées de chaque époque.

Le retour du diocèse de Limoges à la liturgie de l'Eglise universelle, a fait soumettre à Rome le propre des offices de ce diocèse. La cause de l'apostolat de saint Martial, portée au tribunal de la congrégation des rites, y a triomphé des difficultés d'une discussion publique, devant la sagesse et la science réunies. Pour la troisième fois, Rome a permis d'honorer saint Martial du titre et de l'office d'apôtre. Cette permission renouvelée ne demande-t-elle pas un redoublement de ferveur dans notre culte patriotique et dans les ornements qui en sont la traduction ?

Sans doute, une place d'honneur a été donnée à saint Martial, à la droite du maître-autel de l'église St-Michel-des-Lions. Mais à l'aspect de cet autel mesquin, dont toute la décoration est un travail de menuisier vulgaire et de peintre en bâtiments ; en présence de cette chapelle rétrécie et sans caractère, qui pourrait deviner qu'on garde avec amour, qu'on vénère en ce lieu les reliques d'un Apôtre, de celui à qui toute l'Aquitaine, depuis Toulouse jusqu'à Poitiers, en passant par Bordeaux, doit l'inestimable bienfait de la foi catholique ?

Pourrait-on penser que l'hommage est ici proportionné à la sainteté de celui à qui on le rend ? Poser certaines questions, c'est les résoudre : le jour où on a mis généreusement la main aux embellissements des chapelles consacrées à la Sainte-Vierge et à sainte Anne, on s'est condamné à ne pas négliger saint Martial.

Jusqu'à présent, la place faisait défaut, et on pouvait se sentir découragé à l'aspect de l'espace exigu dont on pouvait disposer. Une circonstance nouvelle semble avoir été providentiellement amenée pour lever cette difficulté. La dernière travée du collatéral nord servait de passage pour arriver à une petite porte de dégagement, et pour pénétrer dans la chapelle de Notre-Dame-des-Aides. Cette porte a été fermée, et, pour satisfaire au goût de l'alignement [1], l'autorité municipale a fait démolir la petite chapelle expiatoire. La travée, restée disponible, pourrait devenir une chapelle consacrée à saint Martial. La peinture et la sculpture y auraient un espace suffisant pour entourer sa châsse d'une décoration convenable. Nous ne prévoyons qu'une seule objection. Elle pourrait

---

[1] Cette chapelle était un hors-d'œuvre élevé à l'occasion d'un attentat sacrilége commis par les protestants, et d'un meurtre qui en fut la suite. Dans la nuit du 4 juillet 1560, les protestants « bri- » sèrent l'image de la Vierge Marie assise au coin » de l'église et place de Saint-Michel-des-Lions, » et portèrent sa tête par dérision sur le pilori de » ladite ville... » (Une procession ayant eu lieu en expiation du sacrilége le lendemain, à sept heures du soir), « ... grand nombre de gens armés s'as- » sembla et suivit la procession. Il y eut un char- » pentier, nommé Grosseroys, qui fut tué à la place » de Saint-Michel, sans savoir par qui, sinon qu'on » l'attribuait aux luthériens... L'image de la Vierge » ayant été remise avec honneur en son lieu, un » chanoine de Saint-Etienne, nommé de Chansat, » fit bâtir une chapelle où ladite image est renfer- » mée. » (Bonav. de St-Amable, T. III, pag. 780.)

être fournie par la présence des fonts de baptême. Mais, depuis la clôture de la porte de dégagement, ils n'occupent plus la place fixée par la liturgie, et ils devront être transférés près d'une autre entrée de l'église.

Ces projets, nous avons quelques raisons de le penser, sont depuis longtemps entrevus par ceux auxquels il appartient d'en prendre l'initiative. Que la méditation les féconde et les mûrisse pour l'honneur du saint Apôtre et pour notre avantage.

Qui pourrait hésiter à s'y associer par ses vœux et par ses offrandes. Saint Martial n'est pas seulement le patron et le protecteur de la ville de Limoges, il en est devenu le symbole, et son image sur un champ lumineux éclaire et forme son blason. Le temps n'est-il pas revenu de faire appel aux sentiments dont son culte est le gardien? Vous connaissez cette naïveté de nos bons aïeux : la foi semblait-elle s'affaiblir, la moralité publique était-elle en décadence, un grand malheur était-il imminent, nos Limousins de s'écrier : *Que deviendrons-nous si S. Martial ne revient pas !* Ne rions pas de cette candide exclamation; jamais le retour de S. Martial, ou du moins des sentiments dont il fut le propagateur, ne fut plus désirable.

Attirée par l'élévation des salaires, par les facilités de la vie, par ce mouvement des villes qui est déjà un spectacle et un amusement, une population étrangère à Limoges envahit la ville et les faubourgs. Chaque année, le flot monte et grossit comme une menace.

Administrateurs, gouvernants, sages de la justice ou de la science, avez-vous aperçu le travail silencieux qui se fait dans cette foule? Ce que murmurent à son oreille les flatteurs du peuple est-il arrivé jusqu'à vous? Vous a-t-on avertis des projets qu'on lui souffle, des espérances qu'on lui inspire? La haine, la jalousie, l'envie ne sont plus des vices méprisés; ces passions se sont transformées en systèmes : en être atteint est maintenant, pour un grand nombre d'hommes, un titre de gloire. La confiance dans la puissance future du mal est devenue une vertu. Le mal s'est régularisé, et, dans une occasion récente, on a pu entrevoir le nombre et la discipline de ses formidables bataillons.

Nous le savons : une main équitable, intelligente et ferme tient le gouvernail, et, après ce que Dieu a fait pour notre ville et notre pays, on ne voit pas ce qu'il pourrait refuser encore. Car la Providence de Dieu a tout fait ; les saintes Ecritures l'attestent : Si Dieu ne garde la cité de la terre, vaine est la vigilance de celui qui la garde. *Nisi Dominus custodierit civitatem frustra vigilat qui custodit eam.* Que Dieu, par l'intercession de saint Martial, éteigne ce paganisme renaissant ; qu'il inspire en haut la charité, et en bas qu'il éteigne les jalouses convoitises. Revenons aux sentiments qui inspirèrent nos aïeux, si nous voulons retrouver leur sécurité, ce bien inestimable et rare des âges de foi. Les temps anciens, qu'il ne faut pas flatter au détriment du présent, furent troublés comme le nôtre ; mais, s'ils ne connurent guère la paix, ils goûtèrent la sécurité, la confiance en l'avenir. Le culte qu'ils rendaient aux saints n'aboutissait pas au fatalisme ; il n'excluait pas la vigilance et l'action. La ville de Limoges avait sa garde militaire ; elle s'était ceinte de murailles et de tours, et, après avoir pris ces précautions, elle faisait appel à Dieu par l'intercession de saint Martial, en gravant cette inscription sur la porte Manigne : *Que Dieu garde la ville, et que saint Martial garde les personnes, les murailles et les portes.*

DIEVS : GART :
LA : VILA : E : S :
MARSALS : LA :
GENS : EV : MVRS :
E : LAS : PORTALS : [1]

[1] *Recueil des Inscriptions du Limousin*, pag. 204.

FIN.

Achevé d'imprimer le 7 janvier 1858, par Ducourtieux et Cⁱᵉ, libraires-éditeurs.

# APPENDICE.

## I.

### Inscription du tombeau de l'abbé Bandel.

Nous pouvons, grâce à l'obligeance de M. le curé de St-Sulpice-les-Feuilles, donner un *fac simile* réduit de l'inscription funéraire de Jean Bandel. Les points brillants qui se montrent çà et là à travers la patine séculaire dont est revêtue toute cette plaque, sont le fond du métal lui-même. C'est une gravure sur cuivre jaune ou laiton, et non sur cuivre rouge doré, comme nous l'avions cru à première vue.

On remarquera que, sur le champ de l'écu comme sur les pièces qui le chargent, croissant, macle et chevron, les couleurs et les émaux ne sont pas indiqués. L'usage de les représenter par des hachures conventionnelles ne s'est propagé qu'un peu plus tard.

Le doute que nous avons émis dans la préface, au sujet de l'assertion de Legros sur la profession des parents de Jean Bandel, nous revient encore à l'esprit à la vue de ces armoiries. Pour prendre place au chapitre, les chanoines de la cathédrale de Limoges n'étaient pas obligés, comme ceux de Lyon, de produire un blason. D'autre part, la réputation de modestie de Bandel défend sa mémoire contre le soupçon d'usurpation d'armoiries. Il avait un oncle chanoine ; les canonicats ne se donnaient pas au concours ; dans la cathédrale de Limoges, ils étaient à la nomination de l'acquitaire ou hebdomadier, lequel, il faut le reconnaître, conférait, autant que possible, les prébendes vacantes à quelque membre de sa parenté. Il en résultait que ces bénéfices, quoique fort mal dotés, étaient, pour ainsi dire, devenus héréditaires dans quelques familles de bourgeoisie ancienne. Les nominations étaient donc le fait beaucoup plus de la naissance que du mérite personnel. Cette question d'origine demeure donc douteuse.

## II.

### Églises consacrées à saint Martial.

Nous avons publié, au chapitre Ier, une assez longue liste des églises données à St-Martial ou construites sous son invocation. Ce catalogue a nécessairement des lacunes; mais des recherches nouvelles nous permettent de le faire complet pour les diocèses de Limoges et de Tulle.

La cure de Saint-Martin-Château dépendait de Saint-Martial en 1097 (Cs. Baluze, *Miscell.* VI, 389).

Aux églises du diocèse de Limoges qui avaient saint Martial pour patron, il faut ajouter :

Arnac-Pompadour, cure;

Cublac, cure;

Estivaux, près Comborn, cure;

Flavignac, cure. Ordre fut donné, en 1475, de rebâtir cette église;

Lestars, cure, 1285;

Savignac de Nontron.

Aux quinze chapelles bâties en l'honneur de saint Martial, ajoutez :

Saint-Martial dans le cimetière d'Anzême.
Saint-Martial de Pluviers.

Des autels étaient érigés en l'honneur de saint Martial dans les églises de :
Allassac,
Aymoutiers,
Beaumont, près Felletin,
Donzenac.

Enfin, des vicairies étaient fondées sous son invocation dans les églises de :
Aubusson,
Darnets,
Maumont, archiprêtré de Brivesac,
Meymac,
Pierre-Buffière,
Saint-Yrieix.

La liste des auteurs qui ont écrit sur saint Martial aurait pu former un chapitre intéressant de cet opuscule. Nous n'avions pas à refaire ce travail, déjà exécuté par le P. Bonaventure de Saint-Amable avec une science que gâte le défaut de méthode. Plus près de nous, M. l'abbé Arbellot y a mis de l'ordre et de la lumière. Nous recommandons la lecture de son livre. Sous une forme pleine de concision et de netteté, il a su rajeunir les dissertations de Nadaud et du P.

Saint-Amable, en les fortifiant de plusieurs arguments nouveaux.

### III.

#### Description de l'abbaye de Saint-Martial.

Quel est le cœur limousin où le nom de l'abbaye de Saint-Martial n'éveille pas un douloureux et amer souvenir? Le berceau de la foi de l'Aquitaine, la basilique impériale et royale où les rois et les ducs recevaient la couronne, le monument remarquable entre tous par son antiquité, par son étendue, a été vendu à vil prix! Ses pierres ont été dispersées; son terrain, nivelé, a été transformé en place publique, et, par une dernière dérision, le destructeur de ce monument auguste fut précisément celui qui était chargé officiellement et avec salaire de son entretien et de sa conservation. La démolition dura dix-huit ans : commencée en 1791, elle ne fut achevée qu'en 1809. Il y a cinquante et un ans, en 1807, le clocher était encore debout. Des soldats russes, prisonniers à Limoges, furent contraints d'achever la destruction : qu'auraient-ils fait de plus s'ils eussent été vainqueurs? C'est une main schismatique et ennemie qui, malgré elle, a donné le dernier coup de pioche.

Pour nous faire une idée de cette église et des bâtiments qui y étaient adjoints, nous avons le secours des livres imprimés et des documents inédits. Parmi les premiers, nous citerons la description donnée par Bonaventure de Saint-Amable, au tome II, page 404, de son *Histoire de saint Martial*, et une description sommaire publiée par M. Desmarets, dans les Éphémérides de 1765.

La description du P. Saint-Amable renferme des détails d'un grand intérêt, mais elle est confuse; et il serait difficile de s'y diriger sans le secours d'un plan. La description des Éphémérides a plus de clarté, quoique trop courte et inexacte en quelques points.

Les documents inédits sont : 1° Une description de ce monastère, faite en 1782 par Gilles Le Duc, prêtre, docteur, official général et conseiller député de la Chambre ecclésiastique, curé de la Cité de Limoges. Nous avons ce manuscrit en notre possession, et nous en citerons quelques passages intéressants.

2° Un plan de l'abbaye de Saint-Martial, dessiné en 1784 par l'abbé Legros, vicaire de cette église. Quoique dressé par une main un peu novice, ce dessin est exact. Avec les plans d'alignement, c'est le seul document graphique sur lequel on puisse compter, et cette circonstance lui donne une valeur inappréciable. C'est avec l'aide de ces divers renseignements que nous allons essayer de donner à nos lecteurs une idée de la forme des bâtiments de cet immense monastère.

L'abbaye de Saint-Martial, assez exactement orientée, avait trois églises parallèles. Au midi, l'église principale, consacrée sous le nom de St-Sauveur ou de St-Martial, avait un plan cruciforme. A son transept nord, se soudait une église basse à laquelle on descendait par dix-sept marches, et qui portait le nom de Saint-Pierre-du-Sépulcre. Là était gardé le tombeau de saint Martial. Parallèlement à cette église, une troisième chapelle, dite de la Grande-Confrérie ou de Saint-Benoît, se liait aux débris du cloître et du chapitre. Notre description suivra le même ordre.

I. La grande église, dite du Saint-Sauveur

ou de Saint-Martial, avait la forme d'une croix latine assez exactement orientée du couchant au levant. La porte principale, située au bas de la rue du Clocher, s'ouvrait sous un porche que surmontait un clocher. Ce clocher était percé au rez-de-chaussée de huit ouvertures, et quatre colonnes rondes, isolées au centre, en portaient le poids avec les murs latéraux. Sur ce plan carré s'élevaient quatre étages; le dernier se couronnait de frontons très aigus qui ménageaient la transition du carré à l'octogone. Une flèche en pierre couronnait le tout avant le milieu du xviii° siècle. Vers cette époque, la flèche, supprimée, fit place à une balustrade octogonale en pierre. On voyait à un des étages les statues de saint Martial, de sainte Valérie et de saint Aurélien. Malgré la destruction de cette tour, nous pouvons nous en faire une idée très exacte. Le clocher de Saint-Léonard en reproduit toute la forme dans des dimensions un peu réduites. L'abbé Lebeuf trouvait au clocher de Saint-Martial une grande ressemblance avec celui de l'abbaye de Brantôme. Ce dernier clocher, en effet, était issu du premier. C'est en ce sens que M. Viollet-Le-Duc devra rectifier la carte spirituellement dressée par lui de la filiation des clochers. Sous le clocher de St-Martial se trouvèrent plusieurs cippes romains. Nous les avons publiés dans notre *Recueil d'Inscriptions.* Une charpente ou brétèche fort admirée supportait neuf cloches donnant les notes du plain-chant et l'octave.

Du porche, on descendait dans l'église par un escalier de plusieurs marches. Deux rangs de piliers carrés, cantonnés de colonnes rondes engagées sur chaque face, divisaient le vaisseau en trois parties formant la nef centrale et les deux bas-côtés. Aucune chapelle ne s'ouvrait sur les bas-côtés. Un certain nombre de chapiteaux des colonnes ont été conservés ; ils sont décorés d'ornements ou de feuillages sculptés avec la plus grande rudesse. Au-dessus des bas-côtés régnait une galerie qui avait vue dans toute la longueur de la nef centrale. Les bas-côtés ou collatéraux ne s'arrêtaient pas au transept. Par une disposition rare et ingénieuse qu'on retrouve à Saint-Sernin de Toulouse, ils se prolongeaient parallèlement aux deux bras de la croix, dont chaque croisillon était ainsi formé de trois nefs. Les collatéraux faisaient le tour du chœur, et dans le demi-cercle de l'abside étaient percées cinq chapelles. Cette abside et une partie des deux transepts était l'œuvre d'une restauration gothique faite en 1442, ainsi qu'il résultait d'une inscription gravée sur un des piliers. La date de cette restauration était aussi accusée par la forme de l'architecture, dont le caractère ogival tranchait avec la pesanteur romane du reste de l'édifice. En cette partie de l'église, la pierre avait le même grain que celle de la cathédrale.

Le transept méridional était percé d'une porte nommée la porte du Lion, à cause d'un grand lion de pierre qui se trouvait dans son voisinage. Cette rude sculpture en granit d'Auzette a été conservée par M. Juge-Saint-Martin, et on peut la voir à l'entrée du musée de Limoges, où sont aussi réunis plusieurs chapiteaux provenant de S. Martial.

Dans le mur de l'église, près de cette porte, se trouvait encastré un relief figurant un buste de femme, surmontant une lionne allaitant ses lionceaux, mystérieuse représentation que n'expliquaient guère quelques vers d'origine douteuse, gravés sur une plaque de cuivre :

*Alma leœna duces sævos parit atque coronat*
*Opprimit hanc natus Waifer malesanus alumnam*
*Sed pressus gravitate luit sub pondere pœnas.*

En pénétrant dans l'église par cette porte, on avait devant soi, aux deux côtés du chœur, les tombeaux des cardinaux de Mende et d'Arfeuille, décorés de leurs statues en marbre.

A l'extrémité nord du transept, s'ouvrait aussi une porte en serpentine de Laroche-l'Abeille. Cette ouverture donnait accès, par un escalier de dix-sept marches, dans l'église de St-Pierre-du-Sépulcre.

II. Cette dernière construction à demi souterraine, aux murs épais, aux ouvertures rares, aux formes rudes, avait un caractère de grande antiquité. A gauche se voyait le tombeau de saint Martial, environné de statues dues à un ciseau gothique ; une grille isolait et protégeait cette partie de l'édifice. En poursuivant sa marche vers l'occident, on rencontrait un caveau au milieu duquel s'élevait un grand cercueil de pierre, couvert par un tombeau en serpentine. C'était le tombeau de Tève-le-Duc, dont on a voulu faire le malheureux Waifre. Toute la tradition du Limousin lui donne une origine bien plus ancienne. Une sorte de culte autorisé, une lampe brûlant nuit et jour en ce lieu, contrarient les laborieuses conjectures que M. le baron de Gaujal a émises sur ce sujet.

Près du tombeau de saint Martial était la chambre souterraine où couchaient le chefecier et le gardien du tombeau de S. Martial, prêtres tous les deux. Le P. Bonaventure de Saint-Amable nous a laissé le détail de la surveillance minutieuse qui incombait à ces deux dignitaires. Il y a là des précautions de nature à rassurer les esprits les plus difficiles [1].

Tous les matins, à quatre heures en été, à cinq heures en hiver, une messe en musique, avec diacre et sous-diacre, était célébrée dans cette église, et jusqu'au dernier jour, malgré l'heure matinale, le nombre des assistants demeura fort considérable.

III. Une porte percée au nord de l'église St-Pierre-du-Sépulcre donnait accès dans la chapelle de la Grande-Confrérie, charmante construction toute à jour, en style gothique, qui reproduisait la forme et les dimensions de la Sainte-Chapelle de Paris.

IV. Une aile du cloître construit par G. Raffard, courait parallèlement à cette chapelle. Les écrivains du xviii<sup>e</sup> siècle, cepen-

---

[1] Cs. Bonav. t. ii, pag. 578.

dant peu sensibles aux beautés de l'architecture gothique, en vantent la magnificence ; ils ne donnent pas des éloges moins grands aux salles de l'ancien chapitre et du réfectoire. Ce dernier vaisseau, semblable à celui du prieuré de St-Martin-des-Champs, était couvert d'une voûte gothique très hardie et très élevée ; un rang de légères colonnes le partageait en deux. Il avait une si grande étendue que, pour s'y éclairer, les moines employaient vingt-deux torches de cire du poids de neuf livres chacune.

Le chapitre, de proportions plus réduites, avait sa beauté particulière. Le curé Le Duc va nous la faire apprécier :

« Le chapitre est si beau et si grand, que
» c'est l'auditoire où s'assemble toute la
» ville pour entendre les prédications de
» l'Avent et du Carême. C'est un grand
» édifice dont la voûte en augive est un peu
» basse, supportée dans le milieu par trois
» piliers fort minces et délicats, et tout à
» l'entour sont des tribunes pour placer
» tous les Etats à la prédication ; MM. les
» abbé, chanoines et vicaires, MM. les con-
» suls et officiers de ville, MM. du présidial
» et sénéchal, MM. les trésoriers de France,
» les élus, le corps des marchands et les

» confrères de la Grande-Confrérie de St-
» Martial, y ont chacun leur place, et le
» reste est, ou par terre, ou dans le cloître,
» qui est encore debout et paraît avoir été
» très beau, y ayant encore sous un des
» côtés, des niches et de grandes figures
» de Notre-Sauveur, de la Sainte-Vierge,
» des Apôtres, de saint Martial, de Sainte-
» Valérie et d'autres saints, qu'on dit avoir
» été autrefois couvertes de lames d'argent.
» La fontaine qui est au coin du cloître, et
» qui coule encore, servait de lavoir aux
» anciens moines, et ne sert plus qu'à four-
» nir de l'eau aux émailleurs de la ville.
» Tous ces lieux claustraux sont tellement
» négligés, qu'ils ne subsistent plus que
» parce qu'ils ne veulent pas tomber, aussi
» bien que le Réfectoire, qui est assurément
» un des plus beaux édifices qu'il y en ait
» en France [1]. »

Nous donnerions trop d'importance à cette notice si nous nous laissions aller au plaisir douloureux de décrire les objets d'art qui décoraient cette abbaye. Une école d'orfèvrerie avait fleuri dans ce monastère, et, malgré les spoliations renouvelées de siècle

[1] Msc. inédit de Le Duc, en ma possession.

en siècle, les châsses et reliquaires d'un travail ancien étaient encore nombreux. L'autel de St-Pierre-du-Sépulcre était en cuivre ciselé, doré et émaillé. Il était décoré de figures en relief, et surmonté d'un grand crucifix attaché à la croix par quatre clous, et accompagné des images de saint Pierre et de saint Paul, tenant lieu de la Ste-Vierge et de saint Jean, circonstance qui, dès le XVIe siècle, faisait attribuer à cette ciselure une grande ancienneté.

Dans la seconde chapelle de l'abside, à droite, se voyaient dix-huit tableaux en émail, représentant la vie de saint Martial. « Chaque cadre, dit M. Desmarets, offre un petit tableau bien composé, où les personnages, bien dessinés, ont du mouvement. Les têtes, le nu et les draperies sont bien soignés. Cet émail est en grisaille [1]. »

Il nous reste à donner les dimensions de l'église Saint-Martial. Nos mesures rectifient les chiffres donnés par M. Desmarets :

| | |
|---|---|
| Porche du clocher............ | 24 pieds. |
| Nef, du clocher au jubé, en y | |
| *A reporter*... | 24 pieds |

---

[1] Ephémérides de la généralité de Limoges, 1765, pag. 149.

| | |
|---|---|
| Report... | 24 pieds. |
| comprenant ce dernier............ | 108 |
| Depuis le jubé jusqu'à l'abside, la croisée comprise............... | 92 |
| Abside ou sanctuaire.......... | 24 |
| Collatéral au-delà du sanctuaire. | 12 |
| Chapelle au-delà du collatéral.. | 21 |
| Notre-Dame-des-Arbres, prolongement de la chapelle précédente. | 22 |
| Longueur totale.... | 303 pieds. |
| Largeur à la croisée........... | 112 |
| Largeur dans la nef........... | 75 |
| Longueur de l'église St-Pierre-du-Sépulcre, la crypte de Tève-le-Duc comprise.................. | 186 |
| Long' de l'église de la Grande-Confrérie..................... | 400 |

IV. Le tableau suivant des spoliations révolutionnaires est un document officiel :

ÉTAT des Matières d'Or, d'Argent, Vermeil & Cuivre provenant des Églises supprimées du district de Limoges, envoyées tant à l'atelier monétaire de Paris qu'à l'hôtel de monnaie de Limoges.

| Matières provenant des églises supprimées. | | | | CUIVRES et CLOCHES. | DATE DES RÉCEPISSÉS. |
|---|---|---|---|---|---|
| OR. | ARGENT. | VERMEIL. | | | |
|  | 597 marcs 1 once » gros | 306 marcs 3 onces 4 gros | | ............ | 19 août 1791. |
|  | 13   4   6 | 95   1   3 | | ............ | 16 mars, 8 sept. 1792. |
|  | 4   4   6 | »   »   » | | ............ | 3 janvier 1793. |
|  | 7   5   6 | »   »   » | | ............ | 17 septembre 1792. |
|  | 4   4   18 | 1   »   12 | | ............ | 1" octobre 1792. |
|  | 5   »   » | 17   »   5 | | ............ | 2 octobre 1792. |
|  | 7   »   » | 79   6   » | | ............ | 18 octobre 1792. |
|  | 5   »   » | 5   6   » | | ............ | 24 octobre 1792. |
|  | 10   7   1 | 1   4   5 | | ............ | 17 novembre 1792. |
|  | 13   9   » | »   »   » | | ............ | 4 mai 1793. |
|  | 1   12   » | »   »   » | | ............ | 18 brumaire an II. |
|  | 4   »   » | »   »   » | | ............ | 7 pluviôse an II. |
|  | 9   5   7 | 6   1   3 | | ............ | 27 thermidor an II. |
|  | 57   10   14 | 39   2   2 | | ............ | 1" ventôse an III. |
|  | 99   8   » | 73   6   » | | ............ | 28 vendém. an III. |
| 6   11   13 | 1289 (a)   7   11 | 730   7   8 | | ............ | 8 pluviôse an II. |
|  | 15   »   » | 12   6   4 | | ............ | 6 ventôse an III. |
|  | 12   5   10 | »   »   » | | ............ | 13 vendém. an IV. |
|  |  |  | | 48 073 livres. | |
| marcs 1 once 2 gros | 3263 marcs 5 onces 6 gros | 126 marcs 7 onces 6 gros | | 48 073 livres. | |

(a) La châsse de saint Martial fit partie de cet envoi.

# TABLE.

Dédicace. . . . . . . . . . . . . . . . . . . . . . . . . . . . . v
Introduction. . . . . . . . . . . . . . . . . . . . . . . . . . vii
Dédicace à Mgr de Lafayette. . . . . . . . . . . . . 1
Avis au lecteur. . . . . . . . . . . . . . . . . . . . . . . 3
Indication des sources. . . . . . . . . . . . . . . . . 6
Table des chapitres. . . . . . . . . . . . . . . . . . . 9
Traité de Bandel. . . . . . . . . . . . . . . . . . . . . 11
Approbation. . . . . . . . . . . . . . . . . . . . . . . . 124
Prières à saint Martial. . . . . . . . . . . . . . . . . 126

**Recherches sur le culte de saint Martial, par M. l'abbé Texier.**

Préface. . . . . . . . . . . . . . . . . . . . . . . . . . . . . 131
Chap. Ier. Eglises données à Saint-Martial ou
    érigées en son honneur. . . . . . . . . . . . . . . 133
Chap. II. Ostensions et pèlerinages. . . . . . . . 148
Chap. III. Suite du même sujet. . . . . . . . . . . 174
Chap. IV. Conclusion. . . . . . . . . . . . . . . . . . 198

## Appendice.

I. Inscription du tombeau de l'abbé Bandel.. 215
II. Églises consacrées à saint Martial....... 217
III. Description de l'abbaye de Saint-Martial. 219
IV. État des métaux précieux provenant des églises du district de Limoges, et envoyés à la Monnaie............

FIN DE LA TABLE.

Limoges, imprimerie Ducourtieux et C<sup>ie</sup>.

Ducourtioux et Cie, imp.

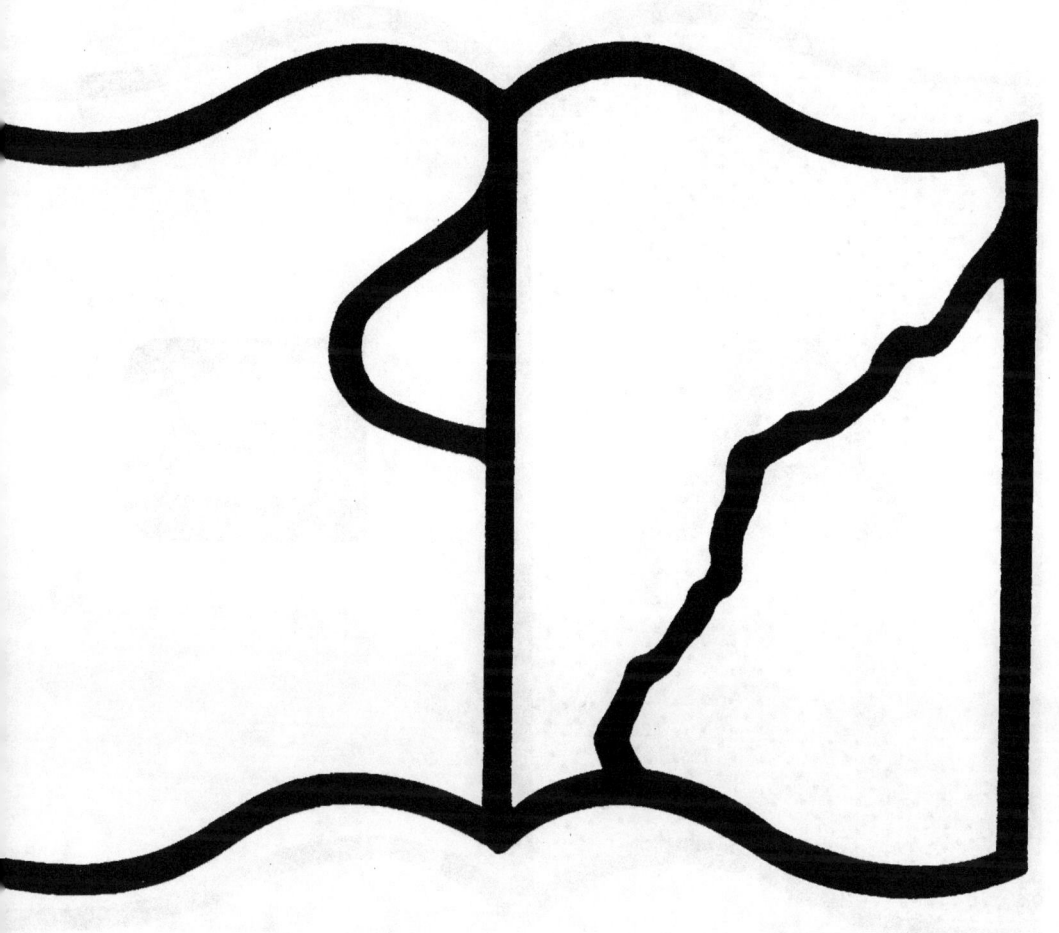

Texte détérioré — reliure défectueuse

**NF Z 43**-120-11

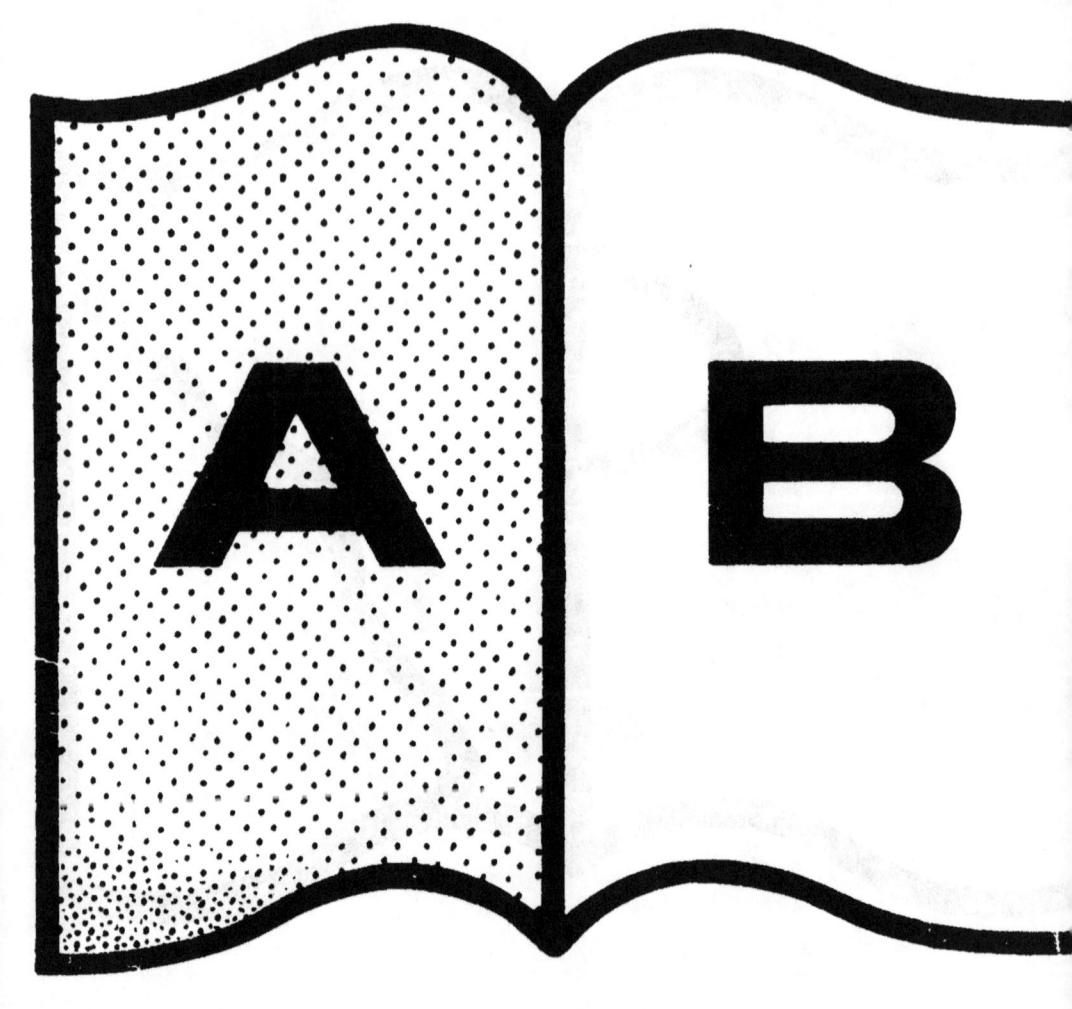

Contraste insuffisant

**NF Z** 43-120-14

www.ingramcontent.com/pod-product-compliance
Lightning Source LLC
Chambersburg PA
CBHW070647170426
43200CB00010B/2148